Photoshop: gewusst wie

W0187407

ro
ro
ro

rororo computer
Herausgegeben von Ludwig Moos

Mit herzlichem Dank an
Dr. Hans Faust und
Klaus Rudolf Bittl

Photoshop: gewusst wie bietet Anwendern mit Vorkenntnissen eine Fülle praktischer Tipps zum schnelleren und anspruchsvolleren Arbeiten mit Adobes Bildbearbeitungsklassiker. Anhand ausgewählter Beispiele aus Werbung und Medien wird Schritt für Schritt und in Farbe gezeigt, mit welchen Programmfunktionen und Arbeitsabläufen sich bestechende Ergebnisse erzielen lassen. Sie bekommen Anregungen zum Experimentieren und lernen effektive Techniken für die eigene Praxis kennen. Überdies erhalten Sie wichtiges Know-how über die speziellen Erfordernisse der unterschiedlichen Ausgabeformen Web und Print.

Die Website zum Buch
www.rororo.de/rowohlt/photoshop
bietet Material für das aktive Nachvollziehen.

Pina Lewandowsky arbeitet als freiberufliche Grafikdesignerin und Dozentin für professionelle Bildbearbeitung, Typographie und Layout.

2. Auflage Oktober 2000

Originalausgabe • Veröffentlicht im Rowohlt Taschenbuch Verlag GmbH, Reinbek bei Hamburg, Juni 2000 • Copyright © 2000 by Rowohlt Taschenbuch Verlag GmbH, Reinbek bei Hamburg • Umschlaggestaltung und Buchlayout Pina Lewandowsky • Herstellung Stefan Kopanski • Gesetzt aus der Stone Serif und Stone Sans PostScript, QuarkXPress 4.04 • Gesamtherstellung Clausen & Bosse, Leck • Printed in Germany • ISBN 3 499 60084 6

Pina Lewandowsky

Photoshop:
gewusst wie

Effektives Gestalten für Print und Web
Für Mac und PC

Rowohlt Taschenbuch Verlag

Vorwort

Beim Durchblättern dieses Buches werden sich einige
Leser fragen: Nun doch Step by Step? Die Antwort
lautet: Ja! **Photoshop: gewusst wie** ist ein Buch zum
Trainieren und Erlernen von komplexeren Photoshop-
Arbeitsabläufen – wenn man so will, ein kleiner Photo-
shop-Workshop.

Photoshop: gewusst wie möchte all jenen, die sich aus
beruflichen oder auch privaten Gründen mit Bildbearbeitung beschäftigen, dabei helfen, die Mittel und Möglichkeiten des Programms besser kennen zu lernen und
so intensiver und wirkungsvoller zu nutzen. Denn nur
wer seine Werkzeuge und Techniken kennt und be-
herrscht, kann sie auch kreativ einsetzen, um Ideen und
Vorstellungen eindrucksvoll zu verwirklichen und zu
präsentieren. Ich hoffe und wünsche, dass Ihnen dies
nach der Lektüre bzw. dem Nacharbeiten des einen oder
anderen Beispiels möglich sein wird. Falls Sie schon ein
routinierter Photoshop-Anwender sind, möchten Sie
vielleicht einfach Ihre Arbeitsweise mit meiner vergleichen oder sich die eine oder andere Anregung holen.

Dieses Buch verrät keine Geheimnisse, sondern macht
Vorschläge, wie konkrete Aufgabenstellungen bewältigt
werden können. **Photoshop: gewusst wie** erscheint
parallel und als Ergänzung zu meinem Buch **Photoshop 5 – Lösungen für Anwender** in der Rowohlt-Ta-
schenbuchreihe **rororo computer**, das sich mit dem
Grundlagenwissen der digitalen Bildbearbeitung und
der Programmfunktionalität von **Adobe Photoshop** be-
schäftigt. Wann immer hier Kenntnisse vorausgesetzt
werden, finden Sie dort – und natürlich im Handbuch
des Herstellers – die entsprechenden Informationen.

Die Auswahl der Themen und Beispiele in diesem Buch
ist ohne Frage subjektiv. Bei ihrer Zusammenstellung
habe ich mich von meinen Erfahrungen aus zahlreichen
von mir angeleiteten Kursen sowie von Aufgaben aus
meiner eigenen Praxis leiten lassen. Um diese Auswahl

zu erweitern, habe ich verschiedene Designer und Agenturen gebeten, ihre Arbeiten hier zur Verfügung zu stellen. An dieser Stelle möchte ich all jenen, die dazu bereit waren und so wesentlich zum Gelingen dieses Buches beigetragen haben, herzlich danken. Dies gilt insbesondere für Christine Berkenhoff, Angelika Bardou, Jan Borchert, Luis Domingo-Vecchioni, Corinna Holthusen, Stephen Miller sowie für die Agenturen Ott + Stein, strawberryfrogs und Laboratorium. Erfahrungen zu teilen und Kenntnisse zu vermitteln zeugt von wirklicher Großzügigkeit und Offenheit. Nichtsdestoweniger ist bei hervorragendem Design die handwerklich technische Perfektion bekanntermaßen nur ein Aspekt des Erfolgs.

Nahezu jedes vorgestellte Anwendungsbeispiel enthält eine **detaillierte Beschreibung der Arbeitsschritte** zum Nacharbeiten. Da dieses Buch keine CD-ROM enthält, biete ich die Möglichkeit, einige der verwendeten Bilddateien von meiner FTP-Seite *www.phlox.com/photoshop_gewusstwie* herunterzuladen. Bei den dort bereitgestellten Bildern beachten Sie unbedingt die (teilweise unterschiedlichen) Nutzungsrechte. Die meisten der auf dieser FTP-Seite abrufbaren und hier verwendeten Bilddateien wurden mir auch diesmal freundlicherweise von der Firma PHOTODISC zur Verfügung gestellt.

Innerhalb dieses Buches sind alle beschriebenen Techniken ab der **Programmversion 5** anwendbar. Obwohl Photoshop nahezu identisch für **Macintosh und Windows** auf dem Markt ist, bevorzuge ich persönlich die Arbeit am Macintosh. Deshalb werden Sie die meisten Illustrationen in der Macintosh-typischen Erscheinung sehen. Dies sollte eingeschworene Windows-Nutzer jedoch nicht abschrecken – alle Beispiele sind auch für Sie vollständig nachvollziehbar. Beachten Sie jedoch die teilweise etwas unterschiedliche Bezeichnung der Tasten (siehe Übersicht auf Seite 9). Zusätzlich wurden auch einzelne andere Programme, die unmittelbar für die Aufgabe notwendig oder sinnvoll waren, verwendet.

Verwendete Tastensymbole

Taste	am Mac	entspricht unter Windows
⌘	Befehls-, Apfeltaste	Steuerungstaste
⌥	Wahl-, Optiontaste	Alttaste
⇧	Umschalt-, Shifttaste	Umschalt-, Shifttaste
⌫	Lösch-, Rückschritt-, Deletetaste	Lösch-, Rückschritt-, Deletetaste*
⇪	Feststell-, Capslocktaste	Feststell-, Capslocktaste
⏎	Returntaste, Zeilenschalter	Returntaste, Zeilenschalter
⌤	Eingabe-, Entertaste	Eingabe-, Entertaste
esc	Escape-, Abbruchtaste	Escape-, Abbruchtaste
⇥	Tab-, Tabulatortaste	Tab-, Tabulatortaste
ctrl	Controltaste	–
␣	Leer-, Spacetaste	Leer-, Spacetaste
↓ ↑ → ←	Pfeiltasten	Pfeiltasten

> * alternativ kann in den meisten Fällen auch die Entfernentaste ⌦ eingesetzt werden

In den Marginalspalten finden Sie entsprechend gekennzeichnete **Tipps und Hinweise**.

Viele Befehle können über eine Tastenkombination ausgelöst werden. Diese wird in den meisten Fällen im Menü direkt hinter dem Befehl aufgeführt. Im Buchtext werden die Befehle unter Verwendung der Tastensymbole (siehe oben) vermerkt, z. B.: *Alles auswählen* (⌘A). Wo im Text auf Befehle innerhalb von Menüs bzw. Untermenüs hingewiesen wird, erfolgt die Schreibweise kursiv und durch „➤" getrennt, zum Beispiel: *Datei ➤ Voreinstellungen ➤ Allgemeine.*

Und nun viel Spaß mit: **gewusst wie!**

Wichtiger Hinweis

Allgemeiner Tipp

Spezielle Information zur Ausgabe im Online- bzw. Multimediabereich

Spezielle Information zur Ausgabe in Printmedien

Eine ganz kurze Einführung in die Grundlagen

Kapitel 1

Bildarten

Reproduzierte Bilder werden traditionell in *Strichzeichnungen*, welche nur zwei Tonwerte haben (Schwarz und Weiß), und *Halbtonbilder*, welche einen vollen Tonwertumfang in Grauabstufungen oder Farben enthalten, unterteilt. Schrift, Linien und Linienzeichnungen sind Beispiele für Strichzeichnungen; Fotografien und Gemälde zählen zu den Halbtonbildern.

Eine andere Kategorie von Bildern wird von digitalen Informationen, also aus dem Computer reproduziert. Hier unterscheidet man Vektor- und Pixelbilder. *Vektorbilder*, auch vektororientierte oder objektorientierte Bilder genannt, werden von Grafik-(auch Zeichen- oder Illustrations-)Programmen generiert. Mit Hilfe von Punkten in einem Koordinatensystem werden gerade Linien, Kurven (die so genannten Bézierkurven) und Schrift durch mathematisch beschriebene Konturen (Outlines) definiert. Da ein Koordinatensystem als solches skalierbar ist, sind auch die darin festgelegten Vektorgrafiken verlustfrei skalierbar. Bei entsprechenden Größenveränderungen werden die Objektgrößen neu berechnet.

Pixelbilder hingegen bestehen aus einer festen Anzahl von quadratischen Bildpunkten, den rasterförmig angeordneten Pixeln. Ein Pixel ist somit das kleinste Bildelement. Pixelbilder entstehen beim Scannen, bei Aufnahmen mit digitalen Kameras und in Bildbearbeitungsprogrammen wie Photoshop. Die Anzahl der Bildpunkte ist variabel und richtet sich danach, wie das Bild später ausgegeben werden soll.

Farbtiefe und Bits

Für jedes Pixelbild wird mit der *Farbtiefe* (in Photoshop mit dem *Bild-Modus*) eine bestimmte Speichermenge zur Verfügung gestellt. Die Farbtiefe, auch Digitalisierungsbreite genannt, wird in *Bit*, äquivalent zum Speicherbedarf, angegeben. Entsprechend der zwei Zustände von fließendem und nichtfließendem Strom, mit dem die Computer-Schaltkreise arbeiten, gibt es als kleinste

Vektorbild

Pixelbild

1-Bit-Bild (Bitmap)

8-Bit-Bild (Graustufen)

24-Bit-Bild (RGB)

24-Bit-Bild (RGB)

Auch Computer-Monitore stellen Bilder durch Pixel (Monitor-Pixel) in einer bestimmten Farbtiefe je nach Grafikkarte und aktuellen Systemeinstellungen dar. So sieht ein 24-Bit-Bild an einem Monitor aus, der mit 8 Bit Farbtiefe anzeigt.

✔

In Photoshop wird bei 100 % Ansichtsgröße ein Bildpixel durch ein Monitorpixel dargestellt. Das bedeutet, dass beispielsweise ein Bild mit einer Auflösung von 72 dpi und einer Größe von 10×10 cm an einem Monitor ca. 10×10 cm groß erscheint. Würde man die Bildauflösung auf 144 dpi verdoppeln, dann würde das Bild 20×20 cm groß (bei 100 % Ansichtsgröße!) angezeigt, ohne dass sich an der tatsächlichen Breite und Höhe des Bildes etwas ändert. Größere Monitore bieten meistens die Möglichkeit, zwischen verschiedenen Bildschirmauflösungen zu wählen. Wenn Sie die Auflösung von beispielsweise 640×480 auf 1024×768 umstellen, werden die Pixel resp. das Bild wesentlich kleiner angezeigt.

Information für ein Pixel nur Schwarz oder Weiß – mathematisch ausgedrückt 2^1 (Bilder im Modus *Bitmap*). Üblich sind des Weiteren Farbtiefen von 8 Bit ($2^8 = 256$ Helligkeitsabstufungen) als Modus *Graustufen* oder *Indizierte Farben* sowie 3×8 Bit ($2^{24} = 16,7$ Millionen Helligkeits- bzw. Farbabstufungen) für Farbbilder im Modus *RGB* oder *Lab*. Eine Sonderrolle spielt der Modus *CMYK* mit 4×8 Bit Farbtiefe, der ausschließlich für den industriellen Druck vorgesehen ist.

Bildauflösung (Scanauflösung)

Die Gesamtanzahl der Pixel im Bild wird als Bildauflösung bezeichnet und in der Einheit *dpi* (*dots per inch*) oder *ppi* (*pixels per inch*) angegeben. Je größer die Gesamtanzahl der Pixel im Bild, also je höher die Bildauflösung, desto genauer und detailreicher kann das Original wiedergegeben werden.

Bildschirmauflösung

Die Bildschirmauflösung bestimmt die Anzahl der Pixel pro Längeneinheit, die der Monitor darstellt, und wird ebenfalls in *dpi* (*dots per inch*) angegeben. Von der Bildschirmauflösung hängt ab, in welcher Größe ein Bild am Monitor angezeigt wird. Die Standardauflösung für die meisten Monitore beträgt 72 dpi.

Rasterweite (Rasterfrequenz, Ausgabeauflösung)

Um ein Halbtonbild drucken zu können, müssen die unterschiedlichen Tonwertabstufungen durch unterschiedlich große Rasterpunkte simuliert werden. Dies geschieht beim Drucken bzw. Belichten durch den Raster Image Processor (*RIP*) oder eine entsprechende Software. Für ein CMYK-Bild werden vier Raster eingesetzt – eines für jede zu druckende Farbe. Jeder Rasterpunkt befindet sich innerhalb einer (imaginären) Rasterzelle. Die Größe der einzelnen Rasterzellen wird durch die angegebene Rasterweite bestimmt. Die Rasterweite gibt an, wie viele Rasterzellen auf einer Längeneinheit vorhanden sind, und wird in *Linien pro Inch* (*lpi*) oder *Linien pro Zentimeter* (*lpcm, l/cm*) angegeben. Welche Rasterweite verwendet wird, hängt in erster

Linie vom Druckverfahren und dem verwendeten
Papier ab. Standard-Rasterweiten sind 28er–33er Raster
(= 70–85 lpi) für Tageszeitungen (saugfähiges Papier),
60er–80er Raster (= 150–200 lpi) für Magazine, Kata-
loge, Image-Broschüren usw. (gestrichenes, wenig sau-
gendes Papier).

Die richtige Bildauflösung festlegen
(Qualitätsfaktor, Samplingfaktor)

Die richtige Bildauflösung hängt immer von der Ausgabeform ab. Für die ausschließliche *Bildschirmpräsen-
tation* des Bildes (Internet und Multimedia) muss die
endgültige Bildauflösung 72 dpi betragen. Das Bild
kann zwar für eine bessere Qualität in einer höheren
Auflösung gescannt und bearbeitet werden, muss aber
abschließend auf 72 dpi *herruntergerechnet* werden
(s. S. 15). Im Printbereich wird die Qualität des gedruckten Bildes maßgeblich durch das *Verhältnis zwischen Bildauflösung und Rasterweite* die bestimmt. Als
Grundregel für Halbtonbilder gilt:
optimale Bildauflösung in dpi = Rasterweite in lpi × 2,
d. h., im Idealfall stehen beim Belichten für einen Rasterpunkt, bezogen auf die Länge, 2 Bildpixel zur Verfügung – bezogen auf die Fläche dementsprechend 4 Bildpixel. Damit ergibt sich beispielsweise für ein 60er
Raster eine optimale Bildauflösung von 300 dpi
(60 l/cm × 2,54 = 152 lpi × **2** = 304, also ca. 300 dpi).
Den Faktor **2** bezeichnet man auch als Sampling- oder
Qualitätsfaktor. Er soll 1,5 nicht unterschreiten, da dies
die Qualität sichtbar beeinträchtigt. Eine Ausnahme bilden Strichzeichnungen (Bilder mit 1-Bit-Farbtiefe) für
den Druck: sie sollten in einer Bildauflösung von
900 dpi oder höher eingescannt bzw. angelegt werden,
da sonst durch die fehlende Kantenglättung hässliche
Treppeneffekte sichtbar werden.

Geräteauflösung (Drucker-, Belichter- und
Scanner-Auflösung)

Laserdrucker und -belichter müssen die einzelnen
Rasterpunkte wiederum aus noch kleineren Punkten
(*Gerätepixeln* oder *Gerätepunkten*) erzeugen, da sie die

Umrechnungsfaktor von
Linien pro Zentimeter (lpcm,
l/cm) in Linien pro Inch
(lpi): 2,54 (1 inch = 2,54 cm).
Beachten Sie die in Drucke-
reien übliche Bezeichnung
der Rasterweite in *Linien pro
Zentimeter* (z. B. *60er Raster =
152 lpi*) und die im DTP übliche in *Linien pro Inch*.

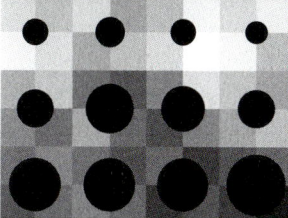

Aus 4 Bildpixeln entsteht ein
Rasterpunkt

Bildauflösungen für ein 60er
Raster (150 lpi) bei

Samplingfaktor 2 = 300 dpi

Samplingfaktor 1,5 = 210 dpi

Samplingfaktor 0,5 = 72 dpi

Grundregel für das Verhältnis von Rasterweite und Geräteauflösung: Entsprechend den 256 Tonwertabstufungen im digitalen Bild soll es auch 256 unterschiedliche Rasterpunktgrößen resp. Tonwerte im gedruckten Bild geben. Um 256 Graustufen zu erreichen, muss der Belichter in der Lage sein, in einer Rasterzelle 16×16 (= 256) Gerätepunkte zu erzeugen; daraus ergibt sich Faktor **16**. So muss die Belichterauflösung z. B. bei einem 60er Raster 2540 lpi betragen:
60 l / cm $\times$ 2,54 = 152 lpi,
152 lpi $\times$ **16** = 2432 lpi. Für die Belichtung eines 30er Rasters genügt eine Geräteauflösung von 1270 lpi. Ist die Geräteauflösung zu niedrig, können bei gleicher Rasterweite weniger Graustufen erzeugt werden (s. S. 18).

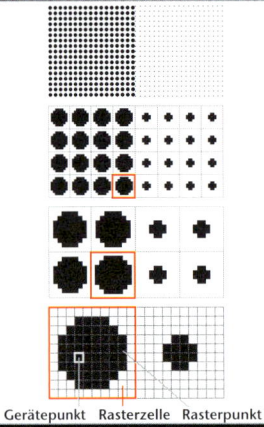

Gerätepunkt   Rasterzelle   Rasterpunkt

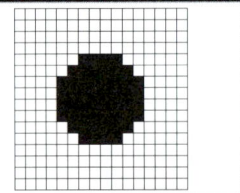

Ausgabematrix von 16×16 Gerätepunkten = 256 Graustufen (ohne Papierweiß)

Rasterpunktgröße nicht variieren können. Die *Geräteauflösung* des Druckers bzw. Belichters gibt Auskunft darüber, wie viele Gerätepixel er pro Inch erzeugt und wird in *dpi*, *lpi* oder *lpcm* angegeben. Die Geräteauflösung bestimmt somit die *Ausgabematrix*, also wie viele Gerätepixel eine Rasterzelle maximal aufnehmen kann und damit wie viele Graustufen erzeugt werden können.

Auch bei Scannern spricht man von einer Geräteauflösung, in diesem Fall der *Scanner-Auflösung*. Hier ist die *optische* (auch *physikalische*) Auflösung des Gerätes gemeint: bei einem Flachbett-Scanner die Anzahl der CCD-Elemente; bei Trommelscannern, die mit Lasertechnologie arbeiten, die Feinheit der Bilderfassung. Als Einheit für die Scanner-Auflösung wird wiederum *dpi* oder auch *lpi* verwendet; Flachbett-Scanner arbeiten mit 600 bis 3800 dpi, KODAK-Film-Scanner (KODAK-Photo-CD-Technologie) mit etwa 4000 dpi und High-End-Trommelscanner mit ca. 9000 dpi. Die *Scanner-Auflösung* bestimmt, mit welcher *Bildauflösung* ein Bild *ohne* Interpolation der Scanner-Software (z. B. bei der Vergrößerungen von Vorlagen) gescannt werden kann. Je höher die Geräteauflösung, desto besser die Bildqualität, insbesondere bei starken Vergrößerungen von kleinen Vorlage (z. B. Kleinbilddias).

Ausgabegröße und Skalierungsfaktor
Da in den seltensten Fällen die Größe der Vorlage mit der endgültigen Größe (Zielgröße) des später im Layout bzw. Screen erscheinenden Bildes übereinstimmt, ist es entscheidend, dass die Zielgröße (Proportion und ggf. Ausschnitt berücksichtigt) schon beim Scannen eingegeben wird. Eine spätere Vergrößerung würde die Bildqualität verschlechtern. Der Vergrößerung kann entweder durch die Eingabe von Zielbreite und -höhe, eine entsprechende Erhöhung der Bildauflösung *oder* des Skalierungsfaktors Rechnung getragen werden. So können Sie den Skalierungsfaktor errechnen, wobei entweder mit der Breite *oder* der Höhe gerechnet wird:

$$\frac{\text{Zielgröße}}{\text{Größe der Vorlage}} \times 100\,\% = \text{Bildgröße in Prozent}$$

Nachträgliche Größenveränderung

Es gibt Veränderungen, die keine Auswirkung auf die sichtbare Qualität des Bildes haben. Dazu gehören das *Freistellen* (Beschneiden) und die Vergrößerung der *Arbeitsfläche* von Bildern (beide im *Bild*-Menü). Bei anderen Veränderungen, die die Bildgröße oder Bildauflösung betreffen (*Bild* ➤ *Bildgröße...*), können Sie entscheiden, ob eine Neuberechnung, also eine Qualitätsveränderung des Bildes stattfinden soll oder nicht.

```
┌─────────────────────── Bildgröße ───────────────────────┐
│                                                          │
│  ┌─ Bildmaße:12M (war 12M) ──────┐    ┌──────────────┐   │
│  │                               │    │     OK       │   │
│  │  Breite:  [2361 ] [Pixel  ▼] ]│    └──────────────┘   │
│  │                              ]│8   ┌──────────────┐   │
│  │  Höhe:    [1772 ] [Pixel  ▼] ]│    │  Abbrechen   │   │
│  └───────────────────────────────┘    └──────────────┘   │
│  ┌─ Ausgabegröße: ───────────────┐    ┌──────────────┐   │
│  │                               │    │    Auto...   │   │
│  │  Breite:  [19,99] [cm     ▼] ]│    └──────────────┘   │
│  │                              ]│8                      │
│  │  Höhe:    [15   ] [cm     ▼] ]│                       │
│  │                                                       │
│  │  Auflösung: [300 ] [Pixel/Inch ▼]                     │
│  └───────────────────────────────┘                      │
│  ☑ Proportionen erhalten                                 │
│  ☑ Bild neuberechnen mit: [Bikubisch           ▼]        │
└──────────────────────────────────────────────────────────┘
```

Der Schalter *Bild neuberechnen mit* bezieht sich auf die Anzahl der Pixel im Bild. Wenn er ausgeschaltet ist, findet keine Neuberechnung statt, sondern die Anzahl der Pixel im Bild bleibt gleich. Es wird lediglich das Verhältnis von Bildgröße (Breite und Höhe) zur Bildauflösung verändert. Z. B. hat eine Erhöhung der Bildauflösung eine Verringerung der Bildgröße (Breite und Höhe) zur Folge und umgekehrt. Die Dateigröße, also die Menge an Informationen im Bild, bleibt unverändert.

Ist der Schalter *Bild neuberechnen mit* angeschaltet, findet eine Neuberechnung statt. Durch die Neuberechnung verändert sich die Gesamtanzahl der Pixel im Bild. Damit verbunden ist immer eine Veränderung der Dateigröße. Wenn das Ergebnis einen größeren Dateiumfang als vor der Berechnung aufweist, spricht man auch von *Hochrechnen*, bei einer niedrigeren Dateigröße von *Herunterrechnen*.

Nach Möglichkeit sollten Sie ein Hochrechnen der Bilder vermeiden und gegebenenfalls das Motiv neu scannen. Herunterrechnen ist nicht so problematisch, es bringt in vielen Fällen sogar eine Qualitätsverbesserung.

Interpolation

Für die Neuberechnung wird in Photoshop eine Berechnungsmethode angewendet, die Interpolation heißt. Mittels Interpolation werden aus vorhandenen Farbwerten neue Farbwerte berechnet, um die Erhöhung oder Verringerung der Pixelanzahl optisch auszugleichen. Photoshop stellt drei Interpolationsmethoden zur Verfügung, die Sie als Voreinstellung unter *Datei* ➤ *Voreinstellungen* ➤ *Allgemeine* oder im *Bildgröße*-Dialog wählen können. *Bikubisch* ist die beste Interpolationsmethode, dauert aber auch am längsten. Sie sollte standardmäßig eingestellt sein. *Pixelwiederholung* berechnet ohne Kantenglättung und kann verwendet werden, wenn Bilder mit ungeglätteten Kanten neuberechnet werden und diese Eigenschaft beibehalten bleiben soll.

Eine Interpolation findet unter Umständen auch beim Scannen durch die jeweilige Scanner-Software statt, wenn die optische Auflösung des Gerätes nicht ausreichend ist, z. B. bei starken Vergrößerungen von Vorlagen.

15

Phantastisches
Verlaufswerkzeug

Kapitel 2

Was Sie beim Erzeugen von Verläufen beachten sollten

Mit den einzelnen Verlaufswerkzeugen erzeugen Sie allmähliche Farbübergänge zwischen zwei oder mehreren Farben. Zudem bieten die Verlaufswerkzeuge die Möglichkeit, Transparenzpositionen (S. 21) festzulegen. Über die Veränderung der Positionen von Start- bzw. Endpunkt und / oder Mittelpunkt lassen sich beispielsweise beim kreisförmigen Verlaufswerkzeug interessante Beleuchtungs- und Reflexionseigenschaften auf Kugeln (S. 26) bzw. selbstleuchtende Objekte wie Himmelskörper erzeugen (S. 27).

Tonwerte

Vermeiden Sie Verläufe in sehr hellen bzw. sehr dunklen Tonwertbereichen. Tonwerte zwischen 0 % und 5 % brechen weg, Tonwerte zwischen 95 % und 100 % laufen technisch bedingt zu – insbesondere beim industriellen Druck.

Vorsicht: Komplementärfarben

Die an einem Verlauf beteiligten Farben sollten keine Komplementärfarben sein (sich also im Farbkreis nicht gegenüberliegen). Sonst besteht die Gefahr, dass in der Mischung schmutzige, ungesättigte Bereiche entstehen.

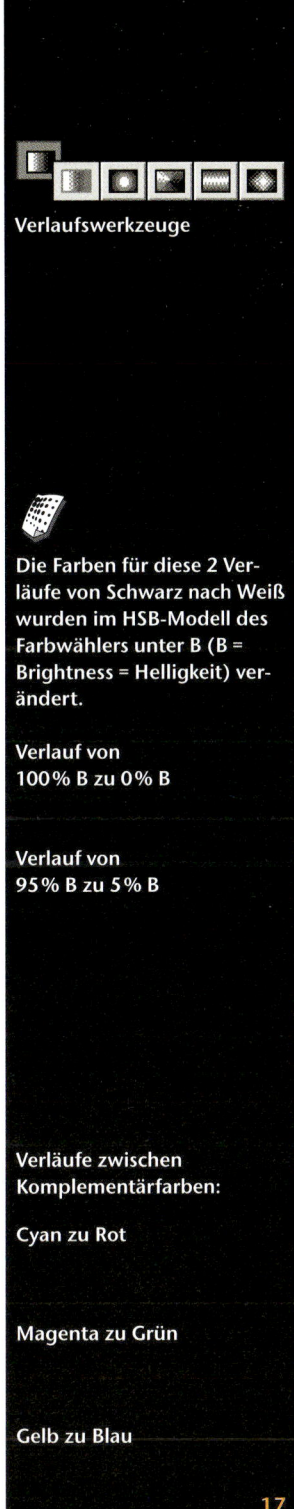

Verlaufswerkzeuge

Die Farben für diese 2 Verläufe von Schwarz nach Weiß wurden im HSB-Modell des Farbwählers unter B (B = Brightness = Helligkeit) verändert.

Verlauf von
100 % B zu 0 % B

Verlauf von
95 % B zu 5 % B

Verläufe zwischen Komplementärfarben:

Cyan zu Rot

Magenta zu Grün

Gelb zu Blau

Die Anzahl möglicher Graustufen inkl. Papier-Weiß (= 1 Graustufe) lässt sich so berechnen:

Mögliche darstellbare Graustufen (GS) =

$$\frac{\text{Geräteauflösung (dpi)}^2}{\text{Rasterweite (lpi)}^2} + 1$$

(Bei einer Rasterweiten-angabe in l/cm muss zunächst in lpi umgerechnet werden: 1 inch = 2,54 cm.)

Beispiel: Stellt man an einem 600-dpi-Laserdrucker eine Rasterweite von 100 lpi ein, können 37 Graustufen erzeugt werden.

$$\frac{600\,\text{dpi}^2}{100\,\text{lpi}^2} + 1 = 37\,\text{GS}$$

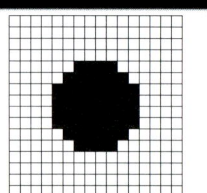

Ausgabematrix von 16 × 16 Gerätepunkten = 256 GS (ohne Papier-Weiß) übliche Belichterauflösung

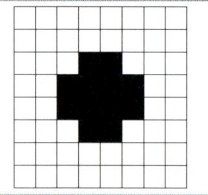

Niedrigere Ausgabematrix bei gleicher Rasterweite (8 × 8 Gerätepunkte) = 64 GS

Dithering bewirkt streifenfreie Verläufe

Das Problem der Streifenbildung ist nur beim Druck mit PostScript-Druckern bzw. beim Belichten relevant. Was bewirkt die Option *Dither* in der Verlaufswerkzeug-Optionen-Palette? Sie sorgt dafür, dass der Verlauf unregelmäßiger erzeugt wird und damit die Tonwertsprünge, also die Veränderung der Rasterpunktgrößen, nicht so stark ins Auge fallen. Wird die Option *Dither* ausgeschaltet, können sich die Tonwertsprünge durch deutliche Streifenbildung bemerkbar machen.

Verlauf ohne Dithering und das zugehörige Tonwertdiagramm

Verlauf mit Dithering und das zugehörige Tonwertdiagramm

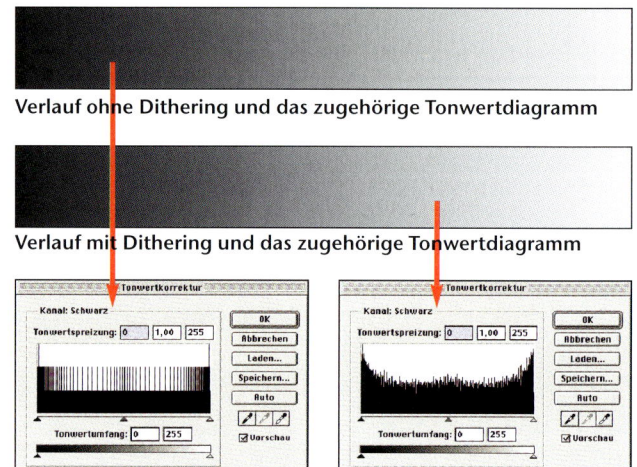

Trotz eingeschalteter *Dither*-Option müssen Sie berücksichtigen, dass sich auch die Geräteauflösung des PostScript-Druckers/-Belichters und die eingestellte Rasterweite darauf auswirken, ob ein Verlauf streifig erscheint oder nicht. Generell kann man sagen, dass sich die Anzahl der Grauabstufungen reduziert, wenn man bei gleich bleibender Geräteauflösung die Rasterweite erhöht und dies damit zur Streifenbildung führen kann. So erfordern höhere Rasterweiten auch ein höhere Geräteauflösung. Mit nebenstehender Formel können Sie die Graustufenanzahl überprüfen. Zusätzlich spielen natürlich auch die Länge eines Verlaufs und der Tonwertunterschied eine Rolle. So ist es nicht dasselbe, ob z. B. 50 Grauabstufungen über 5 cm oder 20 cm Länge verteilt werden. Und wenn sich der Verlauf von z. B. 30 % bis 70 % erstreckt, muss dieser Tonwertunterschied (hier 40%) von den möglichen darstellbaren Graustufen (die sich auf einen Verlauf von 0% bis 100% beziehen) abgezogen werden (*Anzahl möglicher Graustufen × Tonwertunterschied / 100*).

So verhindern Sie Streifenbildung:
1. Rasterweite reduzieren (unter *Datei* ➤ *Drucker einrichten* ➤ *Rasterung*)
2. Wenn möglich höhere Geräteauflösung wählen
3. Tonwertunterschied im Verlauf erhöhen (anstatt z.B. von 30% zu 70% auf 10% zu 90%)
4. Länge des Verlaufs reduzieren

Voll gesättigte Verläufe
Für die CMYK-Ausgabe (Printmedien) empfiehlt es sich, für Verläufe ggf. Farbtöne mit gemeinsamen Farbkomponenten selbst zu mischen, damit der Verlauf voll gesättigt erscheint.

Für einen Verlauf zwischen Cyan und Schwarz definieren Sie beispielsweise ein Schwarz, welches zusätzlich 95% Cyan enthält (Magenta und Gelb jeweils 0%). Dies tun Sie jedoch sinnvollerweise erst, wenn die

Datei bereits separiert, also in den CMYK-Modus umgewandelt ist, damit die Farbtöne nicht während der Separation in andere als die gewünschten Komponenten zerlegt werden. (Der Unterschied ist leider nicht am Bildschirm, sondern erst im Druck zu sehen.) Derartige Verläufe können alternativ im Layout- oder Grafikprogramm mit wesentlich weniger Speicherbedarf erzeugt werden.

Übliche (PostScript)-Laser-Belichter verfügen über Geräteauflösungen von 1270 lpi, 2540 lpi und höher. Hier können mit Rasterweiten zwischen 100 und 200 lpi maximal 256 Graustufen erzeugt werden. (Rein rechnerisch sind mehr als 256 GS möglich, 256 GS bilden jedoch die technische Grenze von PostScript – übrigens mehr, als das menschliche Auge wahrnehmen kann.)

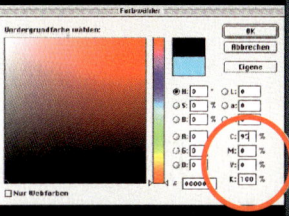

Verlauf von Cyan (100% C) zu Schwarz (100% K) im CMYK-Modus erstellt

Verlauf von Cyan (100% C) zu Schwarz (100% K + 95% C) im CMYK-Modus erstellt

Verlauf von Cyan zu Schwarz im RGB-Modus erstellt und anschließend in den CMYK-Modus umgewandelt: hier wird der Verlauf mit 4 Farben (CMYK) erzeugt

Kreisförmige Verläufe: Regenbogen

✔
Ein Verlauf wird immer durch einen Startpunkt (erster Mausklick mit dem Verlaufswerkzeug – Maustaste gedrückt halten) und einen Endpunkt (Loslassen der Maustaste) definiert.

Die Zugrichtung bestimmt für einige Verlaufswerkzeuge den Winkel des Verlaufs. Für die Einschränkung auf ein Vielfaches von 45° halten Sie die Umschalttaste (⇧) gedrückt.

Bereiche, die vor und hinter dem Start- und Endpunkt liegen, werden mit der reinen Anfangs- bzw. Endfarbe gefüllt. Sind am Start- oder Endpunkt Transparentpositionen definiert, werden die Bereiche, die vor bzw. hinter dem Start- und Endpunkt liegen, transparent.

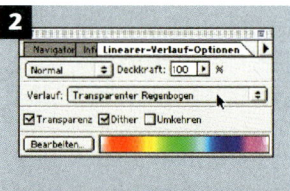

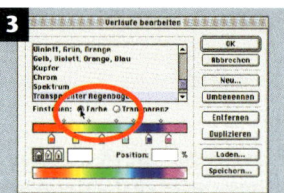

1. Öffnen Sie eine geeignete Datei oder erstellen Sie ein neues Dokument. Doppelklicken Sie auf das *Kreisförmige Verlaufswerkzeug* in der Werkzeug-Palette.
2. In der Werkzeugoptionen-Palette wählen Sie *Transparenter Regenbogen* unter *Verlauf*. Klicken Sie auf *Bearbeiten*.

3. (Um eine Kopie des ausgewählten Verlaufs zu bearbeiten, duplizieren Sie ihn zuerst.) Bearbeiten Sie nun zunächst die *Farbe*.

4. Schieben Sie die Farbregler nach rechts in 4%-Schritten auf die Positionen zwischen 74% und 94%. Sie können auch jeweils einen Regler aktivieren und den Prozentwert in das Eingabefeld bei *Position* eintragen. So werden die Farben vom Zentrum des Verlaufs nach außen zum Rand hin verlagert.

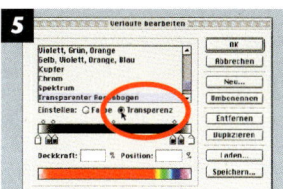

5. Klicken Sie nun auf *Transparenz*. Entfernen Sie die grauen Schieberegler. Ziehen Sie die beiden linken Regler nach rechts.

6. Die Positionen der schwarzen Regler (= *100% Deckkraft*) sollten mit den Positionen der ersten und letzten Farbe übereinstimmen (hier 74% und 94%). Die weißen Regler (= *0% Deckkraft*) sollten dicht an die schwarzen herangeschoben werden (hier 70% und 98%).

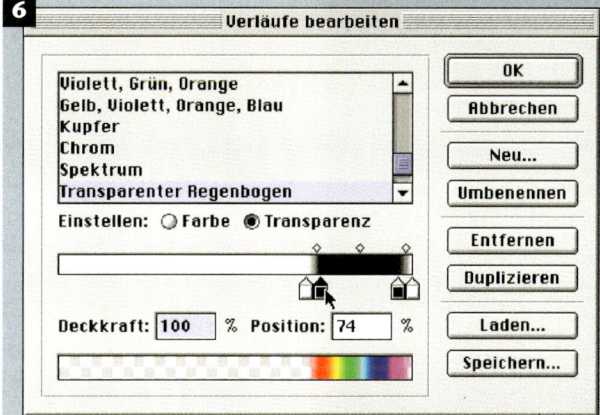

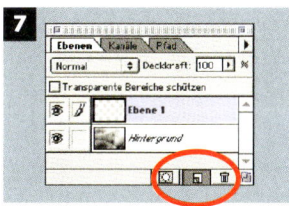

7. Richten Sie nun eine neue Ebene ein. Dies hat den Vorteil, dass Sie den Verlauf nachträglich über *Ebenenmodus* und *Deckkraft* verändern können.

8. Ziehen Sie hier mit den Optionen *Normal, 100%, Transparenz* und *Dither* für das Verlaufswerkzeug den Verlauf auf. Der erste Mausklick definiert den Mittelpunkt – die Position, an der Sie die Maustaste loslassen, definiert den äußeren Rand des Verlaufs. Die Zugrichtung spielt bei einem kreisförmigen Verlauf keine Rolle.

9. Um den Verlauf teilweise auszublenden, legen Sie anschließend eine Ebenenmaske an. Malen Sie bei aktiver Ebenenmaske mit schwarzer Farbe, dem Airbrush-Werkzeug und einer großen Werkzeugspitze über die Bereiche des Verlaufs, die Sie ausblenden wollen.

10. Nun können Sie mit *Ebenenmodus* und *Deckkraft* für die Regenbogenebene experimentieren. Ich habe hier *Ineinanderkopieren* und *80%* gewählt.

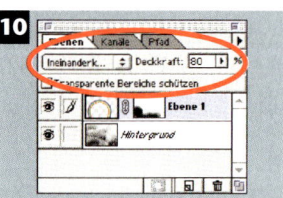

11. Abschließend kann noch der Himmel koloriert werden. Wählen Sie *Bild → Einstellen → Farbton/Sättigung* und dann *Färben* bzw. *Kolorieren.*

In diesem Beispiel wurde der Regenbogen des Originalbildes (untere Abbildung) entfernt (*Stempel-Werkzeug*) und durch einen selbst erstellten ersetzt.

Kreisförmige Verläufe: Umlaufbahn

1. Auf eine ähnliche Weise wie der Regenbogen kann eine Umlaufbahn erzeugt werden. Öffnen Sie eine geeignete Datei.

2. Zuerst soll dem Motiv eine Unschärfe zugewiesen werden. Duplizieren Sie dazu die entsprechende Ebene.

3. Wählen Sie mit dem Zauberstab den schwarzen Hintergrund aus (hier *Toleranz 50, Glätten* und *Fortlaufend*) und löschen Sie ihn (⟨×⟩).

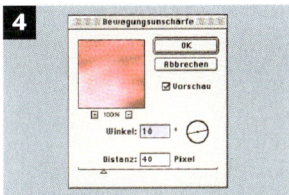

4. Heben Sie die Auswahl auf (⌘D). Wenden Sie dann den *Filter* ➤ *Weichzeichnungsfilter* ➤ *Bewegungsunschärfe* an.

5. Zusätzlich können Sie hier noch kolorieren (*Bild* ➤ *Einstellen* ➤ *Farbton/Sättigung* und dann den *Färben*- bzw. *Kolorieren*-Schalter anklicken).

Transparente Bereiche schützen

Bei eingeschalteter Option in der Ebenen-Palette können nur die Bereiche der Ebene bearbeitet werden, die bereits deckende Pixel enthalten, und zwar unabhängig von ihrer konkreten Deckkraft. Das bedeutet, dass z. B. bei einer Farbfüllung alle vorhandenen Farben durch die neue ersetzt werden – auch halbtransparente Pixel werden vollständig gefärbt, behalten jedoch ihre aktuelle Deckkraft bei. Deshalb ist die Option *Transparente Bereiche schützen* besser als eine *Transparenzmaske* (siehe rechte Seite) für die Änderung des Ebeneninhalts, z. B. eine Füllung, geeignet.

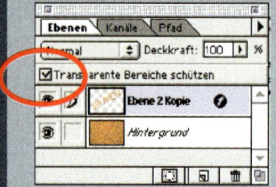

Ebeneninhalt auswählen

Muss der gesamte Ebeneninhalt, also auch die halbtransparenten Pixel, vollständig ausgewählt werden, empfiehlt sich folgendes Vorgehen: Erstellen Sie eine Auswahl mit dem Befehl *Auswahl ➤ Alles auswählen* (⌘A). (Damit wird zwar zunächst die gesamte Ebene ausgewählt, wird jedoch diese Auswahl bewegt, umfasst die Auswahl nur noch die nichttransparenten Bereiche.) Für eine unverschobene Auswahl bewegen Sie also die Auswahl mit den Pfeiltasten der Tastatur z. B. einmal nach links und dann – wieder zurück – einmal nach rechts.

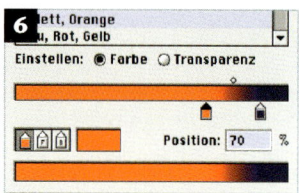

6. Richten Sie nun die *Farbe* Ihres Verlaufswerkzeugs ein. Ich habe den Verlauf *Violett, Orange* verändert: Orange Position 70%, Violett Position 90%.

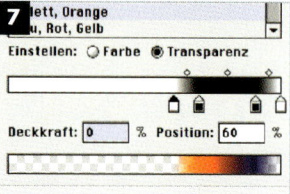

7. Bearbeiten Sie nun die Transparenzpositionen: die beiden schwarzen Regler schieben Sie auf die gleichen Positionen wie die Farbregler in Schritt 6 (70% bzw. 90%). Dann fügen Sie 2 neue Regler ein, die jeweils 0% Deckkraft erhalten und sich auf den Positionen 60% und 100% befinden.

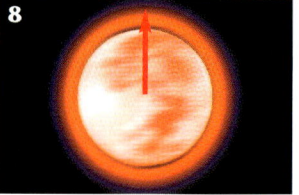

8. Ziehen Sie dann auf einer neuen Ebene den Verlauf etwa von der Mitte des Himmelskörpers aus auf.

9. Mit dem Befehl *Bearbeiten ➤ Frei transformieren* (⌘T; s. S. 95) lässt sich nun die Form des Verlaufs anpassen (unproportional skalieren und drehen).

10. Um den Eindruck einer richtigen Umlaufbahn zu erzeugen, wird der hinter dem Planeten liegende Teil mittels Ebenenmaske ausgeblendet.

11. Damit die Maskierung nur innerhalb der runden Form erfolgt, wird die *Transparenzmaske* der Planetenebene geladen (siehe rechte Spalte).

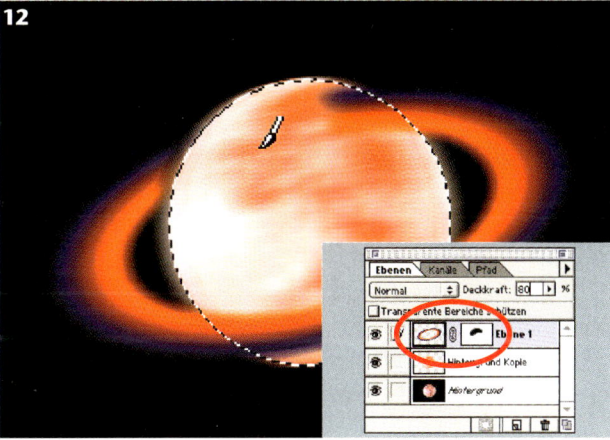

12. Bei aktiver Ebenenmaske maskieren Sie innerhalb der aktiven Auswahl den oberen Bereich des Verlaufs. Heben Sie dann die Auswahl auf. Zusätzlich kann bei Bedarf für die Verlaufsebene noch die *Deckkraft* reduziert oder auch der *Ebenenmodus* geändert werden.

13. Die Sterne (*Verschiedene* bzw. *Andere* Werkzeugspitzen) wurden über das Untermenü der Werkzeugspitzen-Palette geladen.

Transparenzmaske

Die Auswahl einer *Transparenzmaske* (bei gedrückter Befehlstaste auf die Ebene in der Ebenen-Palette klicken oder *Auswahl ➤ Auswahl laden ➤ Ebene X Transparenz*) ist eine Auswahl von allen nichttransparenten Bereichen einer transparenten Ebene bzw. eines Alpha-Kanals. Es wird eine temporäre Maske in der Deckkraft der Pixel angelegt; d.h., enthält die Ebene Pixel in verminderter Deckkraft (z. B. typisch in den Randbereichen eines Motives resultierend aus der Kantenglättung), so ist auch die Auswahl an diesen Stellen teilweise transparent. Das bedeutet, dass z. B. bei einer Farbfüllung einer solchen Auswahl nur die 100%ig deckenden Bereiche auch vollständig gefüllt werden – die halbtransparenten Pixel hingegen werden nur entsprechend ihrer Deckkraft gefüllt, sodass sie sich mit der alten Pixelfarbe mischen. Ebenso können Spuren von halbtransparenten Randpixeln liegen bleiben, wenn ein Motiv mittels Transparenzmaske ausgewählt und dann ausgeschnitten wird. Eine Transparenzmaske sollte deshalb nicht auf die eigene Ebene angewendet werden, sondern alternativ (z. B. für eine Farbfüllung) die Option *Transparente Bereiche schützen* oder die Technik *Ebeneninhalt auswählen* (s. links).

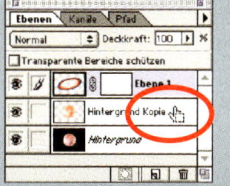

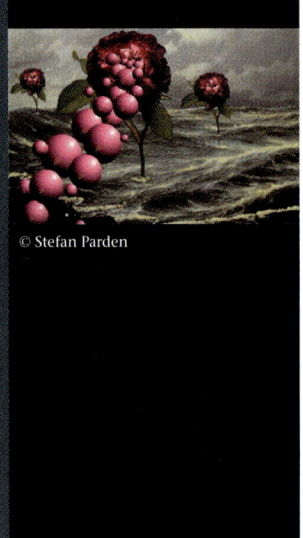

© Stefan Parden

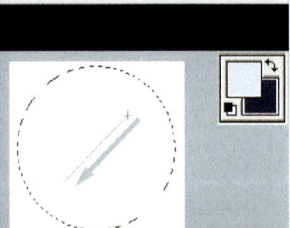

Variationsmöglichkeiten für kreisförmige Verläufe

Variationen für Verläufe sind durch die Veränderung der Position des *Mittelpunktes* möglich. *Mittelpunkt* ist der Punkt, der eine gleichmäßige Mischung aus zwei nebeneinander liegenden Farben aufweist. Normalerweise liegt der Wert für den Mittelpunkt also bei 50%. Zum Verändern des Mittelpunktes ziehen Sie die Raute (◇) über der Verlaufsleiste nach links oder rechts. Oder: klicken Sie auf die Raute (◆), sie wird schwarz gefüllt dargestellt und zeigt damit an, dass dieser Mittelpunkt bearbeitet wird), und geben Sie einen Wert in Prozent in das Positionsfeld ein. Minimum sind 5%, Maximum 95%.

Mit dem kreisförmigen Verlaufswerkzeug können Kugeln erzeugt werden. Der Mittelpunktregler steuert Glanzlicht und Schatten. Verändern Sie die *Mittelpunkt*-Position des Verlaufs *Vorder- zu Hintergrundfarbe* (Prozentwerte). Ziehen Sie innerhalb einer kreisförmigen Auswahl Verläufe in der angegebenen Richtung (Pfeile) auf.

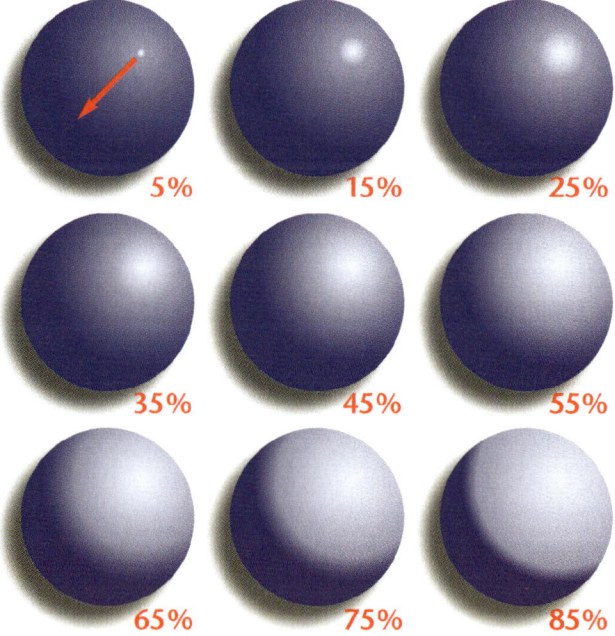

Variationen für Verläufe sind auch durch die Verände-
rung der Positionen des *Start-* oder *Endpunktes* möglich.
Mit dem *Kreisförmigen Verlauf* können Lichterscheinun-
gen erzeugt werden. Verändern Sie die Position des
Startpunkts des Verlaufs *Vorder- zu Hintergrundfarbe*
(Prozentwerte). Ziehen Sie innerhalb einer rechteckigen
Auswahl Verläufe in der angegebenen Richtung auf.

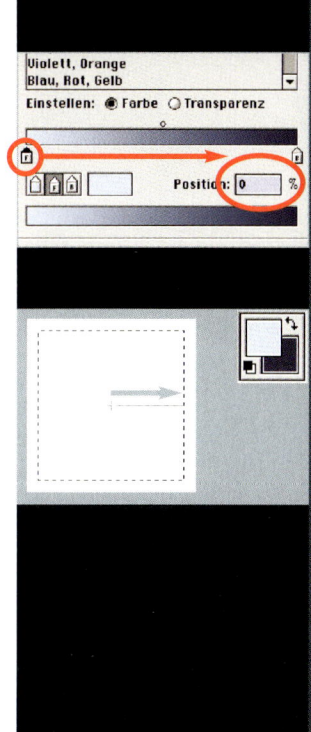

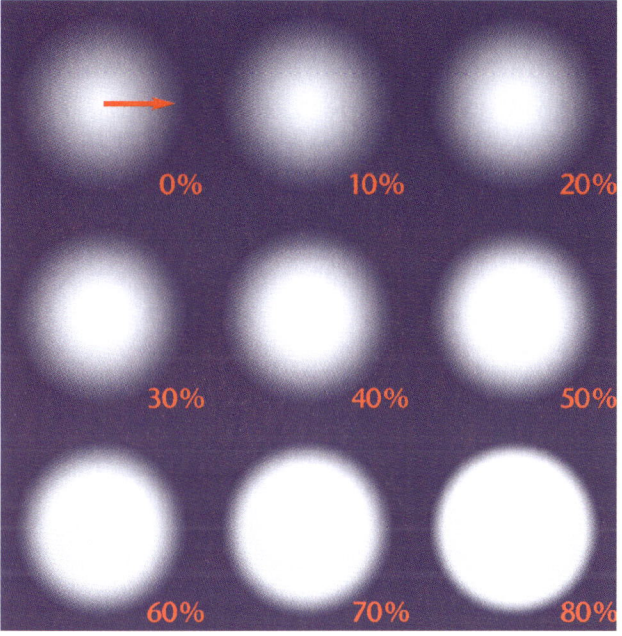

Die Positionen des Mittelpunktes sowie des Start-
bzw. Endpunktes können natürlich auch kombiniert
verändert werden. Damit lassen sich Breite und
Intensität der Korona beeinflussen.

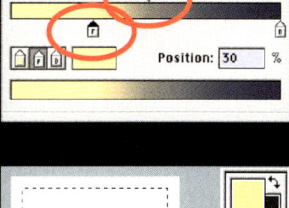

27

© Stefan Parden

Kreisförmige Verläufe: Transparente Kugeln

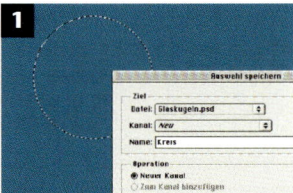

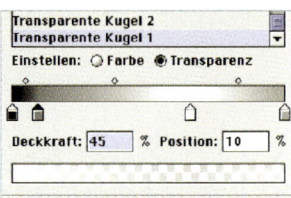

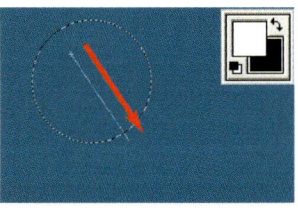

1. Erstellen Sie ein neues Dokument und füllen Sie es mit einer dunklen Farbe. Erzeugen Sie eine runde Auswahl und speichern Sie diese als neuen Kanal ab.

2. Legen Sie bei aktiver Auswahl eine neue Ebene an. *Bearbeiten* Sie das *Kreisförmige Verlaufswerkzeug* in der Werkzeug-Optionen-Palette. *Duplizieren* Sie den Verlauf *Vordergrundfarbe zu Transparent* und nennen Sie ihn „Transparente Kugel 1". Ändern Sie nichts an der Einstellung *Farbe*, sondern klicken Sie gleich auf *Transparent*. Erzeugen Sie zwei neue Regler. Geben Sie für die vier Regler folgende Werte ein:

Pos.   0%: 100% Deckkr.
Pos. 10%:   45% Deckkr.
Pos. 65%:   0% Deckkr.
Pos.100%:   30% Deckkr.

3. Stellen Sie Weiß als Vordergrundfarbe ein und ziehen Sie den Verlauf in der angegebenen Richtung bei aktiver Auswahl auf.

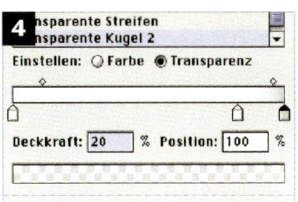

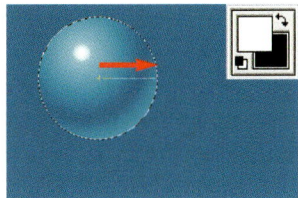

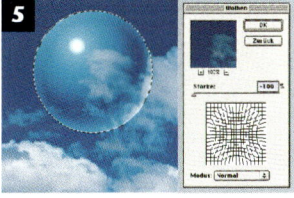

4. Für den zweiten Verlauf legen Sie eine weitere neue Ebene an. Duplizieren Sie dann den Verlauf „Transparente Kugel 1" und nennen Sie ihn „Transparente Kugel 2". Entfernen Sie einen Transparenz-Regler. Geben Sie für die 3 Regler diese Werte ein:

Pos. 0%: 0% Deckkr.
Pos. 83%: 0% Deckkr.
Pos. 100%: 20% Deckkr.

Ziehen Sie den Verlauf in der angegebenen Richtung von der Mitte der aktiven Auswahl aus auf. Heben Sie die Auswahl dann auf (⌘D).

5. Für einen Wölbungseffekt innerhalb der Kugel ziehen Sie ein geeignetes Bild ins Dokument. Laden Sie die in Schritt 1 gespeicherte Auswahl und wenden Sie darauf den *Filter* ➤ *Verzerrungsfilter* ➤ *Wölben* an. Dies ist auch mehrfach möglich. Auf einer weiteren neuen Ebene können Reflexlichter erzeugt werden.

6. Für die Mehrfachanwendung: Verlaufsebenen duplizieren, reduzieren, transformieren (skalieren), runde Auswahl auf der Wolkenebene filtern.

Gebogene Ecke mit Hilfe eines reflektierten Verlaufs

1. Ein Effekt mit gebogener Ecke lässt sich auch ohne Zusatzfilter erzeugen. Legen Sie in einer Datei eine neue Ebene an. Ziehen Sie dort eine rechteckige Auswahl auf.

2. Wählen Sie den *reflektierten Verlauf* (◨). Stellen Sie als *Vorder-* bzw. *Hintergrundfarbe* Weiß bzw. Schwarz ein. Ziehen Sie den Verlauf bei aktiver Auswahl in Pfeilrichtung auf.

3. Verzerren Sie nun den Verlauf mittels *Bearbeiten* ➤ *Transformieren* ➤ *Verzerren*. Heben Sie die Auswahl auf (⌘D).

4. Zeichnen Sie mit der Zeichenfeder (◊) die endgültige Form der Ecke nach. Erstellen Sie aus dem Pfad eine Auswahl.

5. Kehren Sie die Auswahl um (⌘ ⇧ I), löschen (⌫) und heben Sie die Auswahl auf. Stellen Sie als Ebenenmodus *Hartes Licht* ein.

6. Wählen Sie mit dem Zauberstab die Ecke aus. (Falls dabei auch andere Bereiche mit ausgewählt werden, heben Sie die Auswahl auf, bewegen die Ebene um 1 bis 2 Pixel nach rechts bzw. unten und klicken erneut mit dem Zauberstab.) Kehren Sie die Auswahl um (⌘ ⇧ I). Aktivieren Sie die Ebene unter dem Verlauf.

7. Die Ecke der Landschaft soll nun mit Hilfe einer Ebenenmaske ausgeblendet werden. Klicken Sie bei aktiver Auswahl auf den Schalter *Ebenenmaske* (▣).

8. Um einen Schatten zu erzeugen, wird mit dem Airbrush-Werkzeug (Modus *Dahinter auftragen*, 40% Deckkraft) rechts und unterhalb der Ecke auf der Verlaufsebene gesprüht.

9. Nun lässt sich der Hintergrund beliebig gestalten. Ich habe hier ein zweites Bild eingesetzt.

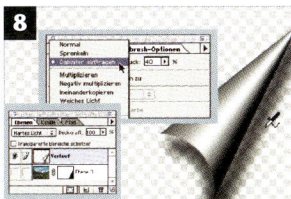

Das geht auch ohne... (KPT-Filler)

✔
Für einen *Hintergrund* lässt sich keine Ebenenmaske einrichten. Sie müssen zuvor den *Hintergrund* in eine transparente Ebene umwandeln: Doppelklicken Sie auf den *Hintergrund*. Der Dialog *Als Ebene einsetzen* öffnet sich. Wahlweise können Sie einen Namen eingeben und mit *OK* bestätigen.

✔
Um mit Mal- oder Bearbeitungswerkzeugen *gerade Linien* zu zeichnen, klicken Sie zum Setzen des Anfangspunktes einmal ins Bild. Halten Sie die Umschalttaste (⇧) gedrückt und klicken Sie, um einen zweiten Punkt und bei Bedarf weitere zu setzen. Die Punkte werden jeweils durch eine Gerade mit dem vorherigen Punkt verbunden.

Rechteckige Bilder sind langweilig !?

Kapitel 3

| Ebenen | Kanäle | Pfad | ▶ |

Normal ⬍ Deckkraft: 100 ▶ %

☐ Transparente Bereiche schützen

👁 ⬚ 🖼 ⬛ **Maske**

👁 ⬛ *Hintergrund*

Rahmen und andere Effekte durch Maskierungen

Ein Blickfang können ungewöhnliche Bildbegrenzungen sein. Derartige Effekte gibt es auf CD-Sammlungen zu kaufen. Einmalige Effekte lassen sich jedoch auch preiswerter in Photoshop erstellen. Hilfsmittel hierfür sind die Alphakanäle und Ebenenmasken. In einem Alphakanal wird der entsprechende Effekt erzeugt, wobei die schwarzen Bereiche das Bild später abdecken, in den weißen wird das Bild gezeigt. Ein solcher Alphakanal wird dann als Auswahl geladen und damit eine Ebenenmaske angelegt.

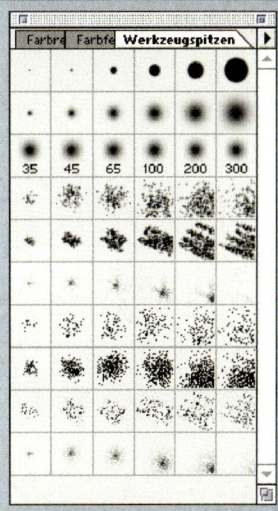

1. Öffnen Sie eine Datei. Wechseln Sie in die Kanäle-Palette und legen Sie dort einen neuen Alphakanal an.

2. Erzeugen Sie im Kanal die Maskierung z. B. mit verschiedenen Werkzeugspitzenformen des Pinsels.

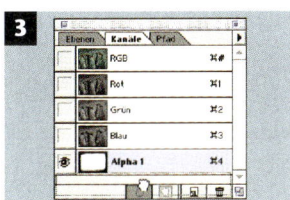

3. Laden Sie den Alphakanal als Auswahl durch Ziehen auf das Auswahlsymbol in der Kanäle-Palette oder über das Menü *Auswahl* ➤ *Auswahl laden*.

4. Wechseln Sie in die Ebenen-Palette und aktivieren Sie die Ebene.

Ab Version 5.5 verfügt Photoshop über einige Werkzeugspitzen, die natürlich wirkende Pinselstriche simulieren. Zusätzlich lassen sich „Natural Brushes" über das Untermenü der Werkzeugspitzen-Palette (Photoshop-Programmordner ➤ Goodies) laden oder eigene Werkzeugspitzen festlegen.

Falls es sich bei der Ebene, die maskiert werden soll, um einen Hintergrund handelt, muss dieser in eine transparente Ebene umgewandelt werden: Doppelklicken Sie auf den Hintergrund. Der Dialog Als Ebene einsetzen öffnet sich. Wahlweise können Sie einen Namen eingeben und mit OK bestätigen.

Soll das Bild auf einem farbigen Hintergrund im Layoutprogramm platziert werden (so wie auf der Kapitelanfangsseite), muss die identische CMYK-Mischung in Photoshop erzeugt und der Hintergrund mit dieser gefüllt werden. Beachten Sie hierbei, dass das Bild zu diesem Zweck schon im CMYK-Modus vorliegt. (Die *Bildschirmdarstellung* der Farben des Bildes mit Farben gleicher Mischung des Layoutprogramms stimmt leider niemals überein – machen Sie einen Probeausdruck.)

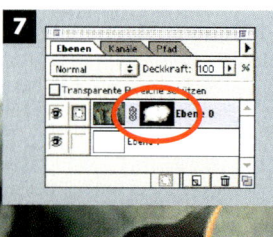

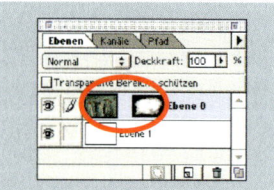

5. Klicken Sie bei aktiver Auswahl auf den Schalter Ebenenmaske ( ). Schwarze Bildbereiche innerhalb der Ebenenmaske werden ausgeblendet, weiße bleiben sichtbar.

6. Im nächsten Schritt kann der Hintergrund beliebig gestaltet werden. Hier wurde eine neue Ebene eingefügt und weiß gefüllt.

7. Eine Maskierung kann auch direkt in der Ebenenmaske erfolgen. Füllen Sie dazu die Ebenenmaske schwarz und malen Sie mit weißer Farbe (hier Pinsel mit *Nassen Kanten*).

8. Wird der Verbindungsschalter ( ) zwischen Ebenen- und Masken-Symbol in der Ebenen-Palette ausgeschaltet, lässt sich nun auch der Bildausschnitt innerhalb der Maske verschieben. Umgekehrt kann so natürlich auch die Maskierung verschoben werden – je nachdem, ob die Ebene oder Maske aktiviert ist.

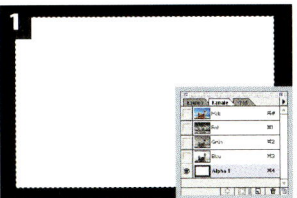

1. Für die Beispiele auf dieser Seite legen Sie einen neuen Alphakanal an, ziehen eine rechteckige Auswahl auf und füllen sie weiß. Heben Sie die Auswahl auf. Wenden Sie den *Weichzeichnungsfilter* ➤ *Gaußscher Weichzeichner* an. Nach Anwendung der unten beschriebenen Filter laden Sie die Auswahl des Kanals in eine Ebenenmaske (s. S. 33).

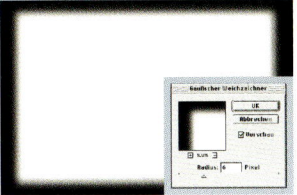

2a. Hier wurde der *Filter* ➤ *Zeichenfilter* ➤ *Gerissene Kanten* im Alphakanal angewendet.

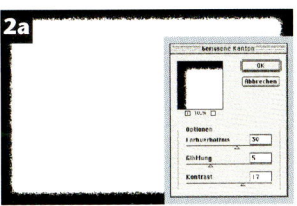

2b. In diesem Beispiel kam der *Filter* ➤ *Vergrößerungsfilter* ➤ *Farbraster* im Alphakanal zum Einsatz.

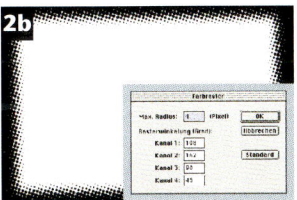

2c. Auch mit einem *Strukturierungsfilter* ➤ *Mit Struktur versehen* (z. B. *Leinwand* oder mit einer selbst erstellten Struktur) kann ein Alphakanal bearbeitet werden.

2d. Experimentieren Sie mit weiteren Filtern wie z. B. dem *Malfilter* ➤ *Verwackelte Striche*.

Bei der Gestaltung unregelmäßiger Bildbegrenzungen sind Ihrer Phantasie kaum Grenzen gesetzt. Auf dieser Seite sind jeweils das Originalbild, der Alphakanal (bzw. die Ebenenmaske) und ihre Auswirkung auf das Bild zu sehen. Alle Beispiele benutzen verschiedene Pinsel-Werkzeugspitzen. Der Alphakanal für das unterste Bild musste als Ebene vorbereitet werden, um Beleuchtungseffekte anwenden zu können: Auf einer weiß gefüllten Ebene wurden mit dem *Renderingfilter* ➤ *Beleuchtungseffekte* zwei weiße Spots gesetzt. Die Ebene wurde komplett ausgewählt und in einen neuen Alphakanal eingefügt. Die weitere Bearbeitung erfolgt wie auf den vorangegangenen Seiten beschrieben.

1. Als Maskierungen können auch andere Bilder dienen. Öffnen Sie eine Datei – besonders geeignet sind hierfür möglichst kontrastreiche Bilder.

2. Erstellen Sie eine Auswahl der Bereiche, die später nicht maskiert, also nicht abgedeckt sein sollen, mit Hilfe des Zauberstabes oder über *Auswahl → Farbbereich auswählen*.

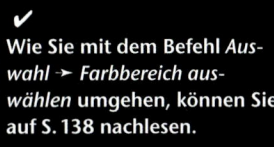

✔
Wie Sie mit dem Befehl *Auswahl → Farbbereich auswählen* **umgehen, können Sie auf S. 138 nachlesen.**

3. Erzeugen Sie von dieser Auswahl einen Alphakanal über *Auswahl → Auswahl speichern*. Ziehen Sie diesen Alphakanal aus der Kanäle-Palette in das Zielbild.

4. Laden Sie im Zielbild die Auswahl und wechseln Sie dann in die Ebenenpalette. Duplizieren Sie bei aktiver Auswahl die Hintergrundebene und

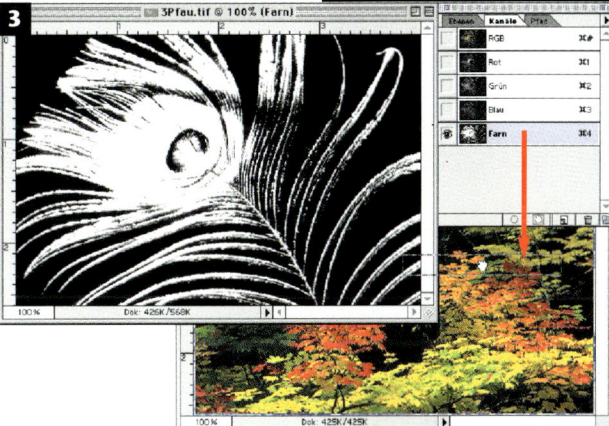

klicken Sie auf den Schalter Ebenenmaske (⬚). Blenden Sie die Hintergrundebene kurzzeitig aus, um das Ergebnis zu sehen.

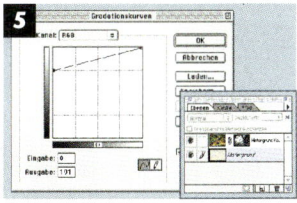

5. Aktivieren Sie die Hintergrundebene. Reduzieren Sie die Helligkeit mit Hilfe der Gradationskurve (*Bild → Einstellen → Gradationskurven*).

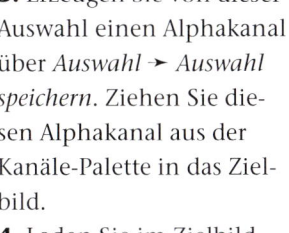

Hintergründiges und Gemustertes

Muster und Endlosmuster

Eine wichtige Rolle – besonders innerhalb von multimedialen Anwendungen – spielt der Hintergrund. Hintergründe können (bei zurückhaltender Gestaltung) als Leitmotive für unterschiedliche inhaltliche Themen wirken, die Botschaft unterstützen sowie die Navigation und Orientierung erleichtern. Eine Variante der Hintergrundgestaltung ist die Verwendung von Mustern oder Endlosmustern, die insbesondere bei der Online-Verteilung die Speichergröße und damit die Ladezeiten im Vergleich zu Vollbildern z. T. erheblich reduziert. Der Designer kann entscheiden, ob die Anschlüsse der Musterelemente sichtbar sein sollen oder nicht.

1. Bei freigestellten Bildteilen lässt sich einfach ein Muster ohne sichtbare Anschlüsse (Endlosmuster) erzeugen. Ziehen Sie über dem Bildbereich, der als Muster dienen soll, eine *rechteckige* Auswahl auf. Wählen Sie dann *Bearbeiten ➤ Muster festlegen*.

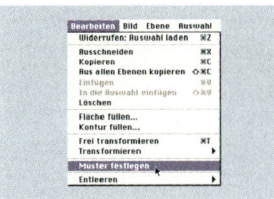

2. Wollen Sie die Musterfüllung im gleichen Bild vornehmen, heben Sie die Auswahl auf, legen eine neue Ebene an und blenden die Ebene mit dem Musterelement aus. Wählen Sie dann *Bearbeiten ➤ Fläche füllen,* und zwar mit der Füllmethode *Muster.*

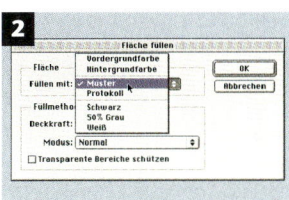

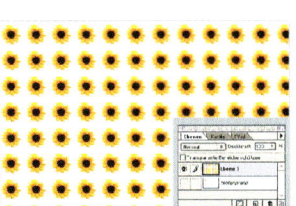

 Beachten Sie, dass der Befehl *Bearbeiten ➤ Muster festlegen* nur verfügbar ist, wenn Sie eine exakt rechteckige Auswahl erstellt haben. Überprüfen Sie ggf. die Einstellungen für das Auswahl-Rechteck in der Werkzeug-Optionen-Palette (es darf keine weiche Kante eingestellt sein), und ziehen Sie die Auswahl noch einmal neu auf.

 Ein einmal festgelegtes Muster ist auf alle geöffneten Bilder anwendbar, solange kein neues Muster festgelegt wird, Photoshop nicht beendet oder der Musterspeicher nicht entleert wird.

 Kurzbefehl zum Öffnen des *Fläche-füllen*-Dialoges:

 Das Muster wird immer ausgehend von der *linken oberen Dokumentecke* nach rechts und unten fortlaufend aneinander gesetzt und somit die gesamte Ebene bzw. Auswahl gefüllt.

39

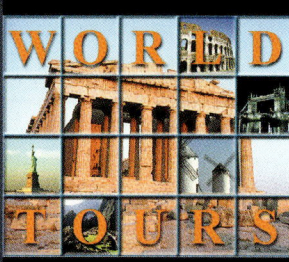

✔
Wie transparente Bildbe-
reiche in Grafik-/Layout-
Programme übernommen
bzw. im Browser transparent
dargestellt werden können,
erfahren Sie im Kapitel 5.

Transparente Muster

Auch Muster mit transparenten Bereichen lassen sich
problemlos herstellen. Dafür müssen die transparenten
Bereiche lediglich schon beim Festlegen des Musters als
solche sichtbar sein. Ich habe hier ein Gittermuster erzeugt, dessen Zwischenräume transparent sind.

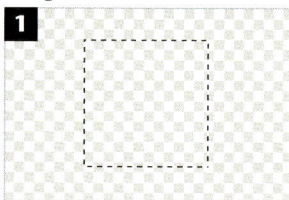

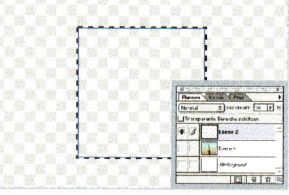

1. Erzeugen Sie auf einer
neuen Ebene in einer
quadratischen Auswahl
eine Konturfüllung über
Bearbeiten ➤ *Kontur füllen*
mit Position *Innen*. Achten
Sie nun darauf, dass alle
Ebenen, die eventuell in-
nerhalb des Auswahlqua-
drats sichtbar sind (ausge-
nommen die aktive
Ebene), ausgeblendet sind.
Wählen Sie dann *Bearbei-
ten* ➤ *Muster festlegen*.

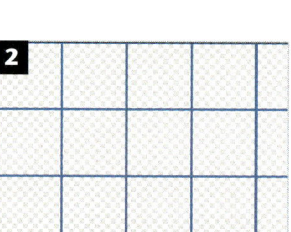

2. Heben Sie die Auswahl
auf, legen Sie eine neue
Ebene an und blenden Sie
die Ebene mit dem Muster-
element aus. Wählen Sie
dann *Bearbeiten* ➤ *Fläche
füllen* (Füllmethode *Muster*).

3. Blenden Sie andere
Ebenen wieder ein, um
das Ergebnis zu betrach-
ten.

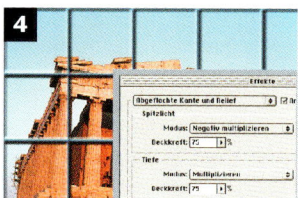

✔
Weitere Informationen zum
Arbeiten mit Ebeneneffekten
finden Sie auf S. 70ff.

4. Die transparente
Musterfüllung kann nun
weiter bearbeitet werden,
z. B. mit Ebeneneffekten
(*Ebene* ➤ *Effekte* ➤ *Abgeflachte Kante und Relief...*).

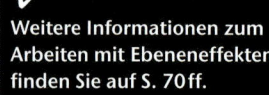

Hintergrundkacheln fürs Web

Um Hintergründe für die Online-Verteilung zu gestalten, ist es nicht sinnvoll, große Bilder oder Grafiken zu verwenden, da die Ladezeiten nicht akzeptabel sind. In Anbetracht der Übertragungszeiten von Webseiten sind Hintergrundmuster/Hintergrundkacheln eine gute Gestaltungsalternative.

Ein einzelnes Hintergrund-Musterelement ist klein und wird durch ein spezielles HTML-Tag so oft wiederholt, bis die ganze Seite – unabhängig von der Fenstergröße – damit gefüllt ist. Der Browser benötigt für die Darstellung eines Hintergrundmusters nur eine einzige Quelldatei, nach deren Download die Seite ausgefüllt wird. Gleichzeitig kann man durch die Verwendung von Hintergrundmustern und den darüber liegenden Elementen (wie andere Bilder, Texte und Links) den Eindruck von Ebenen erzeugen.

Man kann entscheiden, ob die Kacheln sichtbar sein sollen oder ob ein Endlosmuster ohne sichtbare Anschlüsse (Rapport) erzeugt werden soll.

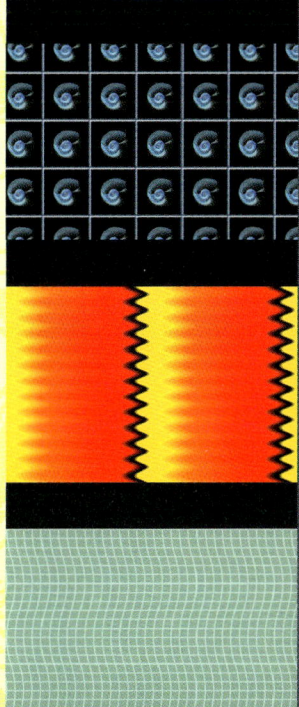

Die Größe und auch das Länge/Breite-Verhältnis der einzelnen Kachel ist dem Designer freigestellt, jedoch gilt es zu bedenken, dass sich der Dateiumfang bei sehr großen Kacheln auch wieder vergrößert und damit die Ladezeiten verlängert.

Sollen Hintergrundkacheln und Bilder im Vordergrund farblich aufeinander abgestimmt werden, sollten sie jeweils im gleichen Format abgespeichert werden (*.gif und *.gif oder *.jpg und *.jpg), da es durch die Datenkompression im JPEG-Format zu Farbverschiebungen kommen kann (siehe auch Seite 190).

Hintergründe sollen im wahrsten Sinne des Wortes im Hintergrund bleiben – achten Sie auf genügend Helligkeitskontrast zu den Texten, die darauf liegen –, testen Sie die Lesbarkeit.

Endlosmuster aus einer Fotovorlage

Eine spezielle Aufgabe stellt das Erzeugen von Endlosmustern aus Fotomotiven dar. Geeignet für derartige
Muster sind Bilder, die schon eine flächige Struktur aufweisen, also schon einen Background-Charakter haben.

1. Ziehen Sie in einem
passenden Bild eine qua-
dratische Auswahl auf.
(Der Ausschnitt sollte
möglichst wenig markante
Bereiche aufweisen, da
diese später die Kachelung
deutlich erkennen lassen
würden.) Lesen Sie beim
Aufziehen der Auswahl die
Größe in Pixeln in der
Info-Palette ab – sie sollte
geradzahlig sein.

✔
**Wenn Sie Bilddaten in der
Zwischenablage haben und
eine neue Datei erstellen,
erscheinen Auflösung und
Maße des Bildteils aus der
Zwischenablage in den Ein-
gabefeldern des *Neu*-Dialo-
ges.**

2. Kopieren Sie den ausgewählten Bildausschnitt
(⌘C). Erstellen Sie eine
neue Datei (⌘N) und fü-
gen Sie den Inhalt der Zwischenablage ein (⌘V).

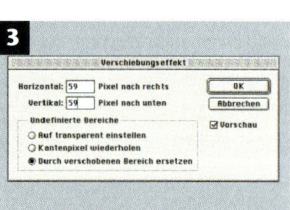

3. Wählen Sie nun *Filter* ➤
Sonstige Filter ➤ *Verschiebungseffekt*. Geben Sie bei
Horizontal und *Vertikal* jeweils die Hälfte des in
Punkt 1 abgelesenen Wer-
tes ein (= halbe Bild-
breite/-höhe). Aktivieren
Sie die Option *Durch verschobenen Teil ersetzen*.

4. Retuschieren Sie die entstandenen Übergänge mit dem Stempelwerkzeug. Lassen Sie dabei unbedingt die Bildkanten unberührt.

5. Testen Sie die Anschlüsse, indem Sie *Alles auswählen* (⌘A), diese Auswahl als *Muster festlegen* und in einer neuen, größeren Datei mit dem Muster füllen (s. S. 39).
6. Das Muster lässt sich auch im Browser testen: Speichern bzw. exportieren Sie das Bild im JPEG- oder GIF-Format – das optimale Dateiformat, hängt u. a. vom Bildmotiv ab. Bei fotografischen Vorlagen wie hier ist das JPEG-Format besser geeignet – damit ließ sich die Dateigröße bei akzeptabler Bildqualität von 40 auf 7 KB reduzieren.
7. Laden Sie dann die Grafik im Browser in einer neuen leeren Seite als Seitenhintergrund.

Ab Photoshop 5.5 haben Sie die Möglichkeit, über den Befehl *Datei → Für Web speichern...* bis zu 4 Ansichten mit unterschiedlichen Speicher-Einstellungen zu vergleichen und die beste Variante auszuwählen.

Mustervariationen

Nahezu unendlich viele Möglichkeiten gibt es bei der Gestaltung von Endlosmustern. Der Phantasie sind kaum Grenzen gesetzt. In den Marginalspalten sind das Musterelement sowie eine damit gefüllte Fläche zu sehen.

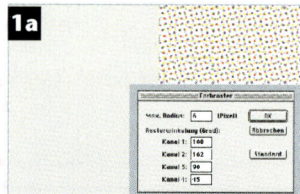
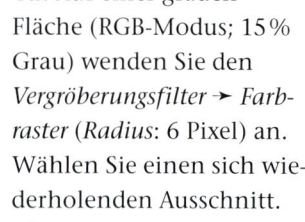

1a. Auf einer grauen Fläche (RGB-Modus; 15 % Grau) wenden Sie den *Vergröberungsfilter* ➤ *Farbraster* (*Radius*: 6 Pixel) an. Wählen Sie einen sich wiederholenden Ausschnitt.

1b. Eine sehr einfache Variante für ein Endlosmuster: Eine Vorlage wird verkleinert (skaliert). Duplizieren Sie die skalierte Ebene dann dreimal und *spiegeln* Sie die einzelnen Ebenen jeweils *horizontal* bzw. *vertikal*. Nach der Ausrichtung der vier Ebenen zueinander erstellen Sie eine Auswahl über dem Inhalt aller vier Ebenen.

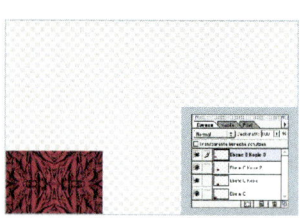

1c. Experimentieren Sie mit verschiedenen Hintergrundbildern und dem *Weichzeichnungsfilter* ➤ *Bewegungsunschärfe* (*Winkel:* 0°; *Distanz:* 999). Anschließend kann man den *Weichzeichnungsfilter* ➤ *Gaußscher Weichzeichner* (*Radius:* 3 bzw. 8 Pixel) anwenden. Als Musterelement wird ein schmaler Längsstreifen ausgewählt.

1d. Erstellen Sie ein Gittermuster wie auf Seite 40 beschrieben. Füllen Sie eine neue, dahinter liegende Ebene mit einer Hintergrundfarbe. Wenden Sie auf der Gitterebene den *Verzerrungsfilter* ➤ *Verbiegen* an. Ziehen Sie eine Auswahl über dem Musterausschnitt auf.

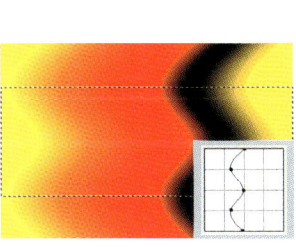

1e. Eine Ebene wird mit einem linearen Verlauf gefüllt. Anschließend wird die Ebene mit dem *Verzerrungsfilter* ➤ *Verbiegen* behandelt. Erstellen Sie eine Auswahl über einem sich wiederholenden Ausschnitt. Skalieren Sie diese unproportional, d. h., stauchen Sie in vertikaler Richtung. Wählen Sie den Ausschnitt ggf. nochmals neu aus.

2a. Für eine Online-Wiedergabe kopieren Sie den ausgewählten Bildausschnitt (⌘C). Erstellen Sie eine neue Datei (⌘N) und fügen Sie den Inhalt der Zwischenablage ein (⌘V). Speichern Sie die Datei im JPEG- bzw. GIF-Format ab.

2b. Für eine Musterfüllung in Photoshop wählen Sie *Bearbeiten* ➤ *Muster festlegen.* Soll die Musterfüllung im gleichen Bild erfolgen, heben Sie die Auswahl auf, legen eine neue Ebene an und blenden die Ebene mit dem Musterelement aus. Wählen Sie dann *Bearbeiten* ➤ *Fläche füllen,* und zwar mit der Füllmethode *Muster.*

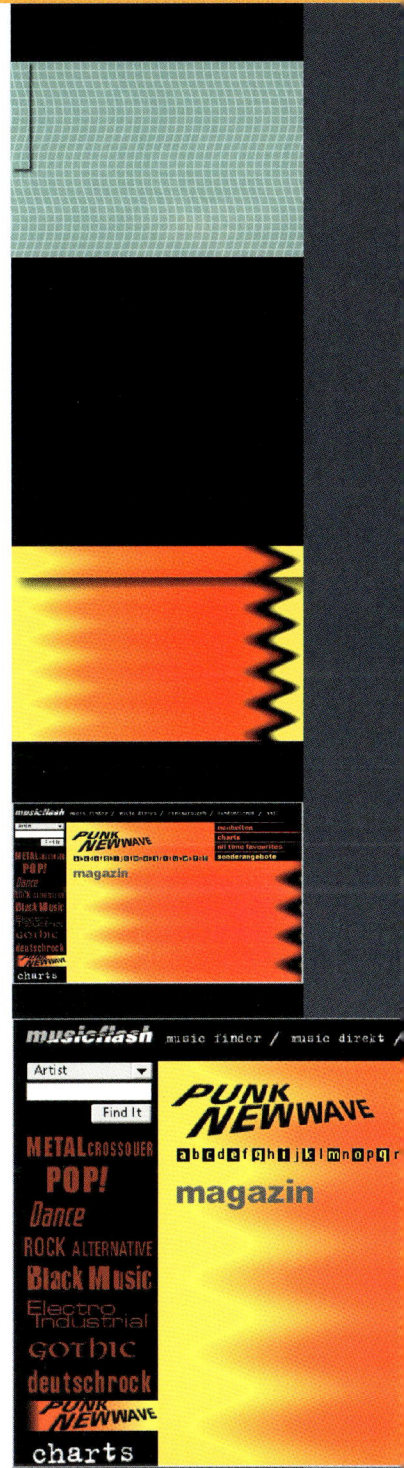

45

Freie Endlosmuster

Auch unregelmäßige Endlosmuster sind sehr gut für Hintergründe von Webseiten geeignet. Für Hintergründe im Printbereich muss vom fertigen Motiv (ab Schritt 4) ein Muster festgelegt und die gewünschte Fläche damit gefüllt werden (siehe Seite 39).

✔
Ein weiteres Beispiel für ein freies Endlosmuster finden Sie auf S. 57.

1. Legen Sie in Photoshop ein neues Dokument (400 × 400 Pixel, 72 dpi) an. Zeichnen Sie einige Musterelemente.

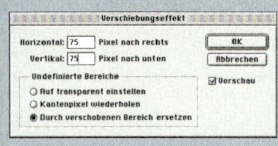

2. Wenden Sie nun *Filter ➤ Sonstige Filter ➤ Verschiebungseffekt* an (*75 Pixel nach rechts; 75 Pixel nach unten; Durch verschobenen Teil ersetzen*).

Der Verschiebungseffekt-Filter mit der Option *Durch verschobenen Teil ersetzen* bewirkt, dass der Bildinhalt um die eingegebenen Werte nach rechts und unten verschoben und der herausgeschobene Inhalt links und oben wieder eingefügt wird.

3. Zeichnen Sie weitere Musterelemente in die Lücken. Arbeiten Sie dabei nicht über die Bildkanten hinaus.

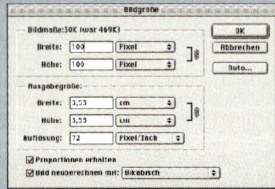

4. Wenden Sie den *Verschiebungseffektfilter* mit den gleichen Einstellungen nochmals an. Zeichnen Sie weitere Musterelemente in die Lücken.

Ist das Muster zu groß, wechseln Sie nach dem Test wieder in Photoshop, verkleinern das Bild mit Hilfe des Dialoges *Bild ➤ Bildgröße* und speichern erneut ab.

5. Speichern Sie die Datei im JPEG- bzw. GIF-Format ab. Für einen Test laden Sie die Grafik im Browser (neue Seite) als Seitenhintergrund.

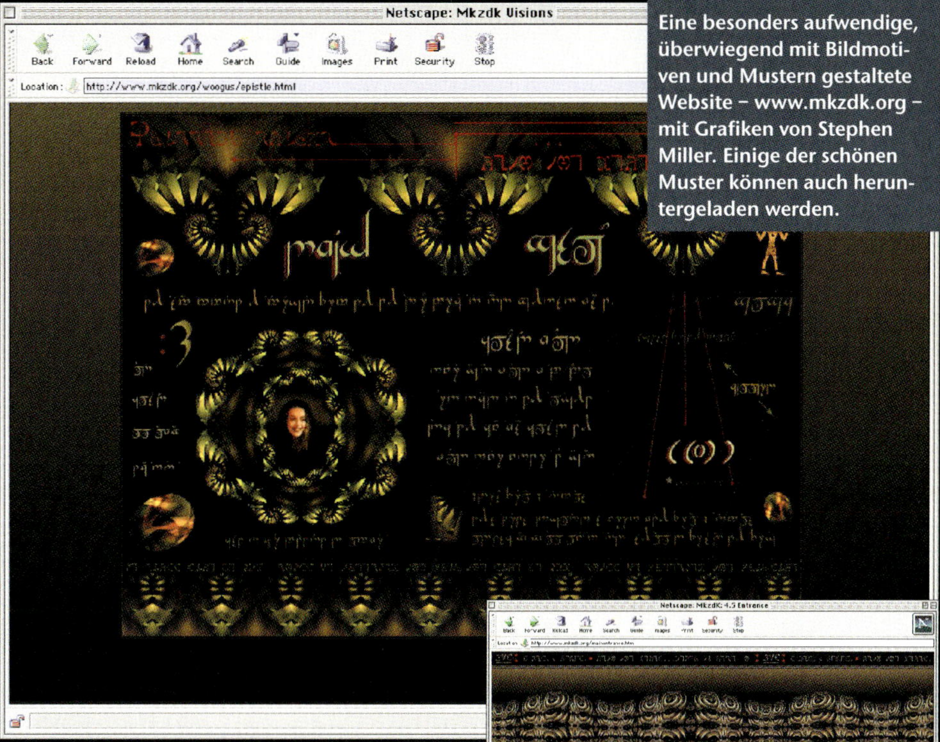

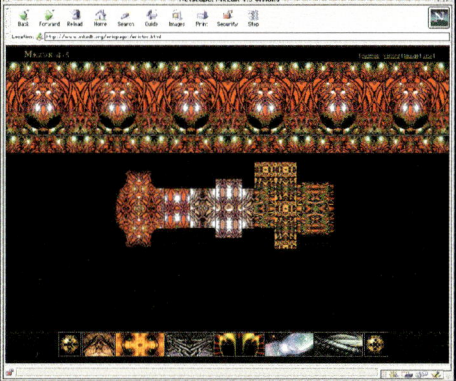

Eine besonders aufwendige, überwiegend mit Bildmotiven und Mustern gestaltete Website – www.mkzdk.org – mit Grafiken von Stephen Miller. Einige der schönen Muster können auch heruntergeladen werden.

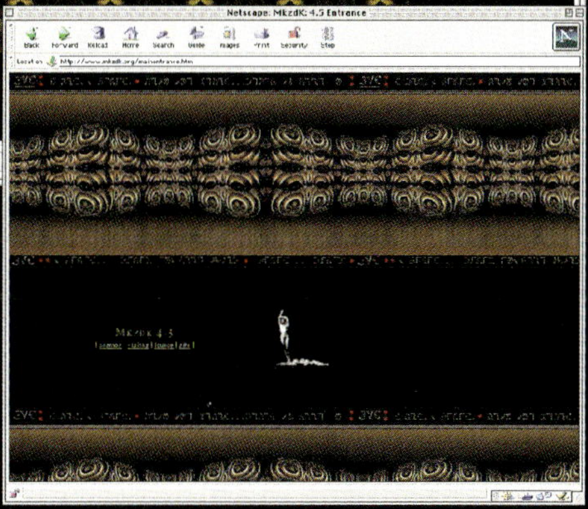

Durchblick und Transparenz

Kapitel 5

Freisteller für Drucksachen

Freigestellte Bilder sind Bilder, die keine rechteckige, sondern eine unregelmäßige Form haben oder transparente bzw. durchbrochene Bereiche aufweisen. Eine in Photoshop erzeugte Transparenz kann nicht ohne weiteres in andere Programme übernommen werden. Beim Speichern in einem Export-Format (TIFF oder EPS) werden ursprünglich transparente Bereiche weiß.

Dies ist das Ausgangsbild. Die Schleife soll im Layout freigestellt erscheinen.

Es genügt nicht, in Photoshop die Bildbereiche, die im Layout nicht sichtbar sein sollen, einfach zu löschen.

Beim Speichern des Bildes im Export-Format (TIFF oder EPS) geht die Transparenz verloren und ehemals transparente Bildbereiche werden weiß.

So sieht ein richtig freigestelltes Bild aus. Dies erreicht man nur mit einem *Beschneidungspfad*.

✔
Photoshop bietet die Möglichkeit, *Bilder mit Transparenz* automatisch erstellen und exportieren zu lassen, über das Menü *Hilfe* ➤ *Transparentes Bild exportieren*. Im Dialog können Sie zwischen *Drucken* und *Online* als Ausgabeform wählen. Bei der Option *Drucken* wird automatisch ein Beschneidungspfad angelegt und das Bild im EPS-Format exportiert – Sie müssen nur noch einen Speichernamen eingeben. Leider wird ein auf diese Weise erstellter Pfad sehr ungenau und ist deshalb nicht empfehlenswert.

Wann muss man einen Beschneidungspfad anlegen?

Man kann freigestellte Bilder in „echte" und „unechte" Freisteller unterscheiden.

Ein unechter Freisteller ist ein Bildmotiv mit unregelmäßigen Konturen, welches auf einem (meist) weißen Hintergrund steht. Da sich hinter dem Bild nichts befindet, fällt es nicht auf, dass das Bild praktisch eine rechteckige Form hat, also von einer weißen Fläche umgeben ist. Für einen solchen Freisteller genügt es, das Bildmotiv präzise auszuwählen, die Auswahl umzukehren und einfach weiß zu füllen. Auch für die Schleife in diesem Textblock benötigt man keinen Beschneidungspfad, da das Bild auf einem weißen Hintergrund steht. Das Umfließen des Textes erreicht man im Layoutprogramm.

Ein echter Freisteller ist ein Bildmotiv, welches einen *Beschneidungspfad* enthält, d. h., seine (unregelmäßige) Form ist durch die Form des Beschneidungspfades tatsächlich begrenzt. Einen echten Freisteller kann man also benutzen, wenn im Layout- bzw. Grafikprogramm hinter dem freigestellten Bild Elemente (Texte, Illustrationen oder andere Bilder) liegen, die durch die (eigentlich immer rechteckige) Bildrahmenform nicht abgedeckt werden sollen.

Dies ist das Ausgangsbild für die beiden Beispiele.

„Unechter" Freisteller: In diesem Fall muss das Bild in Photoshop zwar freigestellt werden, es ist jedoch nicht nötig, einen Beschneidungspfad anzulegen, da die Schleife auf einem weißen Hintergrund steht.

„Echter" Freisteller: In diesem Fall ist ein Beschneidungspfad notwendig, da hinter der Schleife Elemente (hier aus einem Grafikprogramm) liegen, die nicht abgedeckt werden sollen.

So legt man einen Beschneidungspfad an

Grundsätzlich müssen die freizustellenden Bereiche mit einem Pfad nachgezeichnet werden. Alternativ kann auch eine Auswahl in einen Pfad umgewandelt werden. Dieser Pfad wird dann als Beschneidungspfad definiert und das Bild im Photoshop-EPS-Format abgespeichert. Alle Bildbereiche, die sich außerhalb des Beschneidungspfades befinden, sind dann im Grafik- bzw. Layoutprogramm nicht sichtbar. Ein mit Beschneidungspfad angelegtes Bild kann nur mit einem postscriptfähigen Drucker (bzw. mit installiertem Software-RIP) korrekt ausgegeben werden.

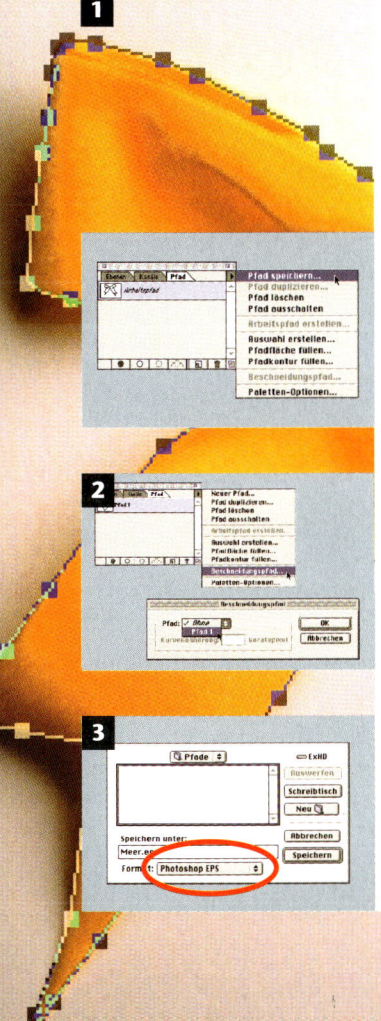

1. Zeichnen Sie das Motiv mit einem Zeichenfeder-Werkzeug präzise nach. Alternativ können Sie auch eine Auswahl erstellen (z. B. im *Maskierungsmodus*) und diese Auswahl über das Untermenü der Pfade-Palette in einen *Arbeitspfad* umwandeln. Ein *Arbeitspfad* muss in jedem Fall über das Untermenü der Pfade-Palette gespeichert werden.

2. Wählen Sie im Untermenü der Pfade-Palette *Beschneidungspfad*. Im Dialog wählen Sie den Pfad aus. Geben Sie bei *Kurvennäherung* keinen Wert (auch nicht den Wert 0) ein.

3. Speichern Sie über *Datei → Speichern unter...* oder *Kopie speichern unter...* im *Photoshop-EPS-*Format.

Beschneidungspfade sollten möglichst wenige Ankerpunkte haben, da es sonst zu Problemen beim Drucken oder Belichten kommen kann. Wenn Probleme beim Drucken oder Belichten auftreten (Limitcheck- oder allgemeiner PostScript-Fehler), und der Pfad aus einer Auswahl hervorgegangen ist, hilft eventuell eine Neuerstellung des Pfades mit einer größeren Pfadtoleranz. In einigen Fällen muss der Pfad sogar manuell nachbearbeitet werden, indem Ankerpunkte entfernt werden und die Pfadform durch eine Bearbeitung der verbleibenden Ankerpunkte korrigiert wird.

Am sichersten und genauesten ist es, sich die Zeit zu nehmen und das freizustellende Objekt manuell mit einem Pfad mit möglichst wenigen Ankerpunkten nachzuzeichnen.

Kurvennäherung

Bei der Ausgabe des Dokuments am Laserdrucker oder Belichter werden die Post-Script-Pfade in Gerätepunkte umgesetzt. Der Wert für die Kurvennäherung legt fest, wie genau dies erfolgen soll. Eine Erhöhung des Wertes bewirkt eine Vereinfachung der Kurven – im Extremfall bis hin zu geraden Liniensegmenten. Der konkrete Wert wirkt sich bei höheren Geräteauflösungen weniger stark auf die Sichtbarkeit aus. Mit einem angemessenen Wert (bei einem hochauflösenden Belichter 5–8 Pixel) erreicht man eine Erhöhung der Druckgeschwindigkeit und vermeidet unter Umständen Probleme (Fehlermeldungen) beim Belichten und Drucken.

Gibt man bei *Kurvennäherung* keinen Wert (auch nicht den Wert 0) ein, sondern lässt den Cursor blinken, wird bei der Belichtung der Standardwert des Ausgabegerätes benutzt, was im Allgemeinen zu guten Ergebnissen führt.

4a. Testen Sie das Ergebnis im Layout- oder Grafikprogramm. In Freehand 8 erstellen Sie eine beliebige Grafik oder Text. Laden Sie dann das freigestellte Bild über *Ablage/Datei* ➙ *Importieren...* bzw. in anderen Grafikprogrammen über den jeweiligen Import-Befehl.

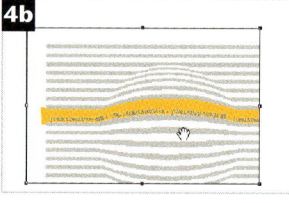

4b. In QuarkXPress 3.3x erstellen Sie eine beliebige Grafik oder Text oder laden sich eine Grafik oder ein Bild. Ziehen Sie einen zweiten Bildrahmen auf, wählen Sie bei aktivem Inhaltswerkzeug *Ablage/Datei* ➙ *Bild laden...* und laden Sie das freigestellte Bild. Stellen Sie die Farbe für den Bildrahmenhintergrund (⌘M) auf *Keine*.

4c. Möchten Sie in Quark-XPress 3.3x Text um ein Bild fließen lassen, muss das Bild keinen Beschneidungspfad haben, kann aber. Laden Sie das Bild wie unter Punkt 4b beschrieben. Stellen Sie die Farbe für den Bildrahmenhintergrund (⌘M) auf *Keine*. Wählen Sie *Objekt* ➙ *Umfließen...* (⌘T): *Kontur automatisch*.

Workaround unter Windows

Unter Windows werden Beschneidungspfade häufig am Bildschirm nicht oder nicht korrekt dargestellt. (Druckt man das Bild, wird es einwandfrei ausgegeben.) Damit man jedoch auch richtig layouten kann, empfiehlt sich folgender Weg:

1. Ein Bild mit richtig angelegtem Beschneidungspfad sieht z. B. in Freehand wie links aus: traurig. Deshalb speichern Sie das Bild, nachdem Sie es mit einem Pfad freigestellt haben, im TIFF-Format ab. Speichern Sie dann den Pfad unter *Datei ➤ Exportieren ➤ Pfade ➤ Illustrator*. Importieren Sie beide Dateien in Freehand.

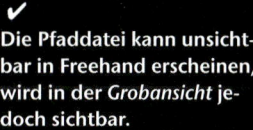

✔ Die Pfaddatei kann unsichtbar in Freehand erscheinen, wird in der *Grobansicht* jedoch sichtbar.

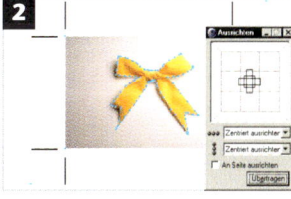

2. Die Pfaddatei muss zunächst gruppiert werden (⌘G). Markieren Sie dann die Gruppe und das TIFF-Bild und richten Sie sie horizontal und vertikal zentriert aus.

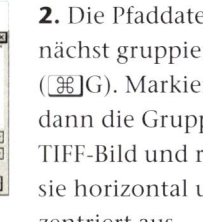

3. Markieren Sie dann das TIFF-Bild und schneiden Sie es aus (⌘X). Nun wählen Sie den Pfad innerhalb der Gruppe aus und setzen das TIFF-Bild mit Hilfe des Befehls *Bearbeiten ➤ Innen einfügen* in den Zeichenweg ein. Löschen Sie die aus der Illustrator-Datei stammenden Schnittmarken. Fertig.

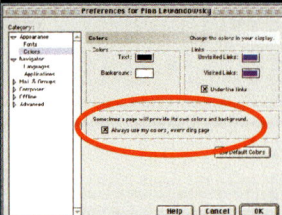

Browser-Voreinstellungen für die Farben

✔

Von einer Verwendung des PNG-Formats zur Speicherung von transparenten GIFs möchte ich derzeit immer noch abraten, da eine korrekte Darstellung selbst unter den gängigen Browsern nicht gewährleistet ist. Außerdem ist die Dateigröße im Vergleich zu JPEG und GIF höher, da für die Transparenz in 24-Bit-Farbtiefe gespeichert werden muss. Mit dem PNG-Format ist es möglich, eine echte Transparenz (mit Alpha-Kanälen = 8-Bit-Kanälen) statt der 1-Bit-Transparenz des GIF89a-Formates zu erzeugen.

Transparenz fürs Web

Auch im Web möchte man sich nicht auf die grundsätzlich rechteckige Form von Pixelbildern beschränken, sondern unregelmäßig geformte Bilder oder Bilder mit transparenten oder durchbrochenen Bereichen verwenden. Es gibt verschiedene Techniken, wie man dies erreichen kann.

Eine Möglichkeit besteht darin, das freizustellende Bild auf der gleichen Hintergrundfarbe zu positionieren, die im Browser verwendet wird (siehe nächste Seite). Diese Technik ist sehr gut geeignet für Bilder mit geglätteten Kanten, weichgezeichneten Kanten, Schlagschatten oder Lichthöfen. Wollen Sie diese Technik verwenden, sollte die Browserhintergrundfarbe im HTML-Dokument nicht nur im Hexadezimal-Code (z.B. <BODY BGCOLOR=#99CCCC>) angegeben sein, sondern sicherheitshalber mittels einer kleinen einfarbigen Hintergrundkachel (und dem <BODY BACKGROUND>-Tag) aufgefüllt werden. Damit ist gewährleistet, dass auch ein Besucher der Website, der in seinen Browser-Voreinstellungen für die Farben *Always use my colors, overriding page* (statt *Dokumentfarben Netscape-Farben verwenden*) eingestellt hat, die richtige Hintergrundfarbe sieht. Ansonsten kann die Illusion einer unregelmäßig begrenzten Grafik ganz schnell zerstört sein.

Eine andere Möglichkeit ist das Anlegen von *transparenten GIFs* (s. S. 57). Hier kommt eine Maskierungstechnik zum Einsatz, die den Eindruck unregelmäßig begrenzter Grafiken erzeugt, indem einer Farbe (oder transparenten Bildbereichen) die Eigenschaft „unsichtbar" zugewiesen wird. Das Export-Modul GIF89a (*Datei ‣ Exportieren... ‣ GIF89a*) bzw. das GIF-Format im Dialog *Datei ‣ Für Web speichern...* (ab Photoshop 5.5) unterstützen diese Maskierungstechnik. Empfehlenswert ist diese Technik, wenn unregelmäßig begrenzte Grafiken auf gemusterten Hintergründen liegen, da es nicht möglich ist, in HTML eine Grafik auf einem Hintergrundmuster exakt zu positionieren bzw. in allen Browsern identisch auszurichten.

Transparenz bei einfarbigen Hintergründen

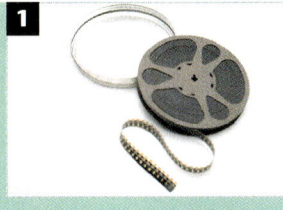

1. Dieses Motiv soll im Browser mit einem Schatten auf einem einfarbigen Hintergrund stehen. Stellen Sie es zunächst in Photoshop frei. Arbeiten Sie z. B. mit dem Zauberstab (Hintergrund auswählen und Auswahl umkehren) und wechseln Sie dann in den *Maskierungsmodus*, um die Auswahl mit dem Pinsel zu vervollständigen.

2. Wechseln Sie zurück in den Standardmodus und kopieren Sie die Auswahl in eine neue Ebene (⌘J).

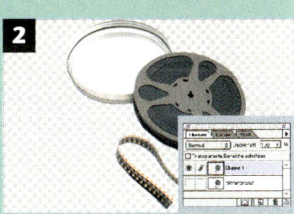

3. Erstellen Sie einen Schlagschatten über *Ebene* ➤ *Ebeneneffekte* ➤ *Schlagschatten...*

Websichere Farben können Sie sich im Farbwähler von Photoshop ab Version 5.5 durch Aktivieren der gleichnamigen Option anzeigen lassen. Weitere Informationen zu websicheren Farben finden Sie auf Seite 190.

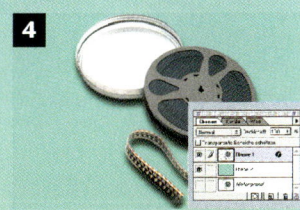

4. Legen Sie unter dem freigestellten Motiv eine neue Ebene an und füllen Sie mit einer websicheren Farbe. Notieren Sie sich die Farbwerte.

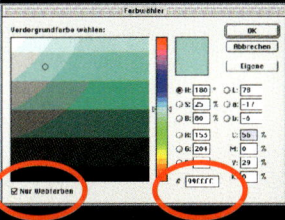

Sollen Hintergrundkacheln und (freigestellte) Bilder im Vordergrund farblich aufeinander abgestimmt werden, sollten sie jeweils im gleichen Format abgespeichert werden (*.gif und *.gif oder *.jpg und *.jpg). Insbesondere beim JPEG-Format sollten auch die Einstellungen (Kompressionsstufe usw.) identisch sein, da sich die Farben durch unterschiedliche Kompression verändern können.

✔

Bei einfarbigen Hintergründen kann ab Photoshop 5.5 für ein Bild, welches im JPEG-Format abgespeichert wird, auch eine exakte (z.B. websichere) Hintergrundfarbe definiert werden. Das entsprechende Motiv muss dazu nur freigestellt werden. Bei sichtbar transparentem Hintergrund wird der Befehl *Datei ➤ Für Web speichern...* angewählt. Über den Menüpunkt *Hintergrund ➤ Andere...* gelangt man in den Farbwähler und kann die gewünschte Farbe auswählen. Diese wird dann anstelle der Transparenz eingesetzt und bleibt auch während der Komprimierung des Vordergrundmotivs unverändert erhalten.

5. Beschneiden Sie das Bild auf die minimal benötigte Größe (*Bild ➤ Freistellen*). Exportieren Sie es als GIF89a bzw. speichern Sie es im JPEG-Format ab.

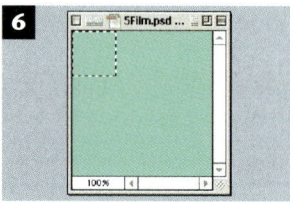

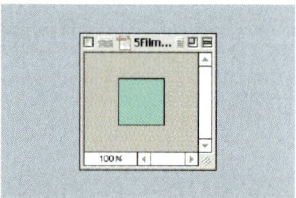

6. Für die Hintergrundkachel duplizieren Sie das Bild (*Bild ➤ Duplizieren...*). Löschen Sie in der Kopie alle Ebenen bis auf die Ebene mit der Hintergrundfarbe. Wählen Sie ein kleines Rechteck (16 × 16 Pixel) aus und stellen Sie frei (*Bild ➤ Freistellen*). Exportieren Sie wieder als GIF89a bzw. speichern Sie es im JPEG-Format ab.

7. Testen Sie im Browser, indem Sie das Kacheldokument (als Seitenhintergrund) und die Grafik laden, oder schreiben Sie den HTML-Code von Hand.

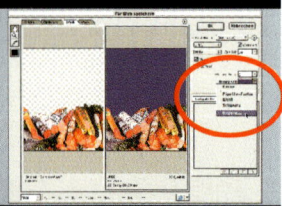

Genauso funktioniert diese Technik natürlich auch mit Text bzw. schattiertem Text.

Transparent GIFs (Transparenz bei mehrfarbigen Hintergründen)

In der folgenden Abbildung sind die wichtigsten Varianten des Transparent GIF dargestellt. Zum Vergleich sehen Sie auch die jeweilige Dateigröße.

Weitere Informationen zu websicheren (browserunabhängigen) Farben und zum Speichern finden Sie ab Seite 187.

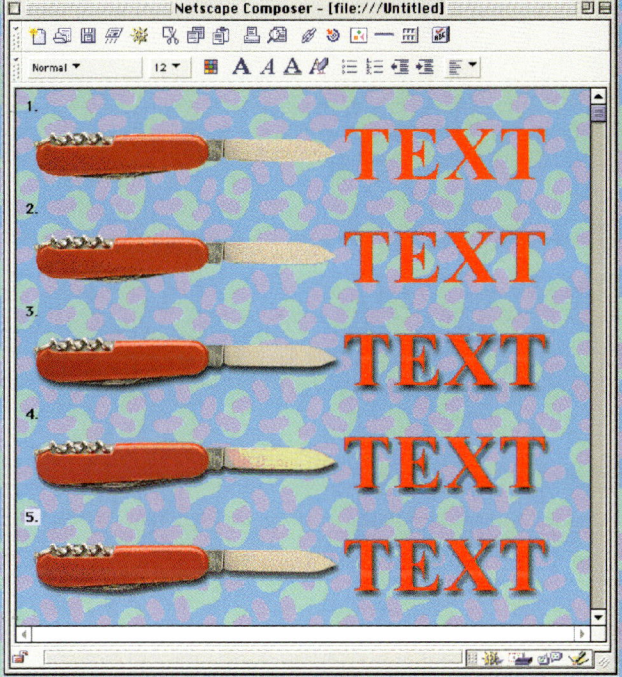

1. ohne Hintergrundfarbe (Transparenz-Austauschfarbe) indiziert – dadurch keine Kantenglättung – Motiv ohne Schatten: indiziert mit Farbpalette *Web* (32 Farben) *mit Dithering*; 4,054 KB

2.–5. mit Hintergrundfarbe (Transparenz-Austauschfarbe) indiziert – hier ein websicheres Blau – bewirkt die Kantenglättung

2. Motiv ohne Schatten: indiziert mit Farbpalette *Web* (40 Farben) *mit Dithering*; 4,977 KB

3. Motiv mit weichem Schatten: indiziert mit Farbpalette *Adaptiv* (256 Farben) *ohne Dithering*; 12,990 KB

4. Motiv mit weichem Schatten: indiziert mit Farbpalette *Web* (43 Farben) *ohne Dithering*; 4,918 KB

5. Motiv mit weichem Schatten: indiziert mit Farbpalette *Web* (43 Farben) *mit Dithering*; 7,077 KB

Die Abbildungen in dieser Spalte zeigen dieselben Transparenz-GIFs vor einem weißen Browser-Hintergrund.

Wie man ein solches Hintergrundmuster erzeugt, wird auf S. 46 beschrieben.

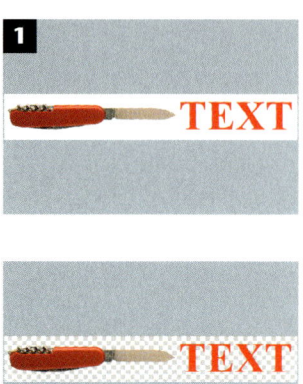

1. Prinzipiell ist es sehr einfach, transparente GIFs herzustellen. Ich empfehle, das Bildmotiv schon in Photoshop freizustellen (auf einem transparenten Hintergrund zu platzieren). Dies hat den Vorteil, dass die transparenten Bereiche beim Speichern gleich als solche erkannt und behandelt werden. Somit hat man genaueste Kontrolle über die Transparenz.

✔
Zum Dithering können Sie auf Seite 188 nachlesen.

2a. Ab Photoshop 5.5 wählen Sie *Datei* ➤ *Für Web speichern...* In dem Dialog stellen Sie für einen optischen Vergleich der Ergebnisse die Ansicht *4fach* ein. Markieren Sie die zweite Ansicht durch Anklicken. Für ein *Transparent GIF* klicken Sie die Option *Transparenz* an und wählen aus den Pop-up-Menüs *GIF, Web,* ggf. *Diffusion.* Die Stärke von *Dither* können Sie nach Sicht einstellen. Bei *Farben* wählen Sie *Auto.* Bei *Hintergrund* wählen Sie *Ohne* für ungeglättete Kanten (empfiehlt sich nur, wenn das Motiv keine weichen Kanten, keine Schatten, Lichthöfe usw. hat – siehe auch S. 61). Möchten Sie Kantenglättung für einen farbigen Hintergrund,

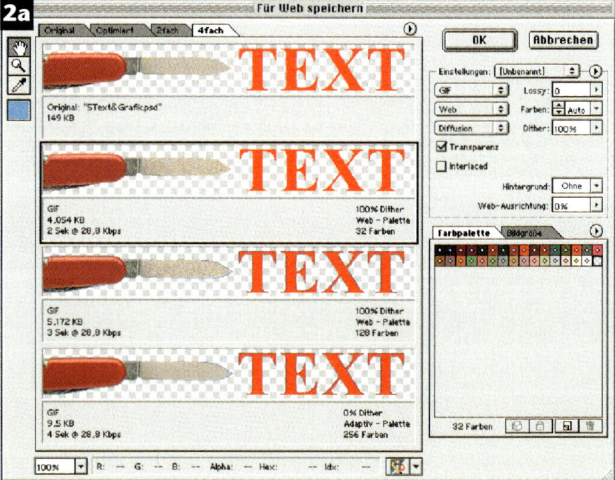

wählen Sie *Andere...* bei *Hintergrund* – damit gelangen Sie in den *Farbwähler*. Für websichere Farben klicken Sie die Option *Nur Webfarben* an und wählen eine repräsentative Farbe Ihres Hintergrundmotivs aus oder geben den entsprechenden Hexadezimalcode ein. Die bei *Hintergrund* ausgewählte Farbe wird dann an den Motivkanten eingesetzt, um einen weichen Übergang in den Hintergrund zu simulieren.

Auf die gleiche Weise werden Bildmotive mit Schatten, Lichthöfen und dergleichen behandelt. Sie werden auf einem transparenten Hintergrund platziert und dann über den Befehl *Datei* ➤ *Für Web speichern...* gespeichert.

Bei *Hintergrund* sollte allerdings keinesfalls die Option *Ohne* verwendet werden, da dies zu einer hässlichen Abgrenzung des Schattens bzw. Lichthofes führt.

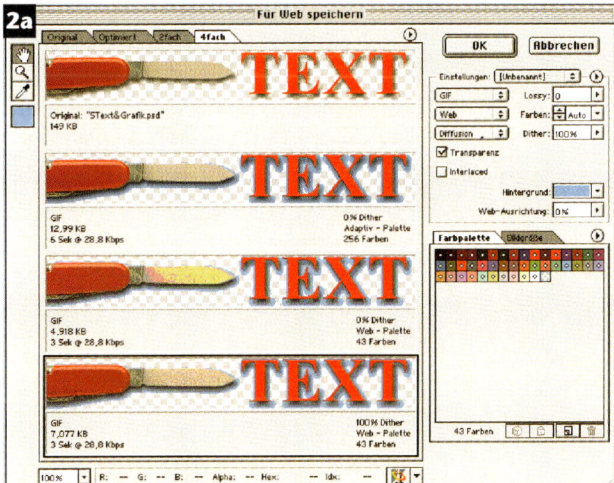

2b. In Photoshop 5 gestaltet sich die Angelegenheit etwas weniger komfortabel, u.a. deshalb, weil man keine vergleichende Voransicht zur Verfügung hat. Wählen Sie *Datei* ➤ *Exportieren* ➤ *GIF89a*.

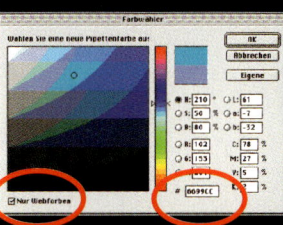

Farbwähler ab Photoshop 5.5

Interlaced

Ein mit der Option *Interlaced* abgespeichertes Bild erscheint beim Ladevorgang im Browser erst grob gepixelt und dann in immer feineren Stufen. Diese Option wählt man nicht für Hintergrundbilder (-muster) und für Navigationselemente.

Kantenglättung

Zur Kantenglättung siehe Seite 61.

Der GIF89a-Export-Befehl ist nur für Bilder im RGB-Modus oder im indizierten Farbmodus verfügbar. Andere Modi müssen zum Exportieren in einen dieser Modi konvertiert werden.

Für den schellen Zugriff auf die Webfarbtabelle kopieren Sie sich die Farbtabelle *Web Safe Colors* in das Verzeichnis, in das Sie Ihre GIFs abspeichern.

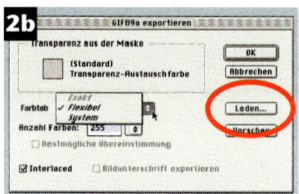

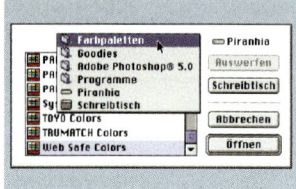

Leider steht im Farbtabelle-Auswahlmenü des Dialoges keine Webfarbtabelle zur Verfügung, sondern diese muss über den Schalter *Laden* aus dem *Photoshop-Programmordner* ➤ *Goodies* ➤ *Farbtabellen* ➤ *Web Safe Colors* geladen werden. Aktivieren Sie die Option *Bestmögliche Übereinstimmung*. Möchten Sie Kantenglättung

Farbfelder-Palette mit websicheren Farben:

Die Palette mit den 216 websicheren Farben wird über das Untermenü der Farbfelder-Palette *Farbe ersetzen* aus dem *Photoshop-Programmordner* ➤ *Goodies* ➤ *Farbtabellen* ➤ *Web Safe Colors* geladen.

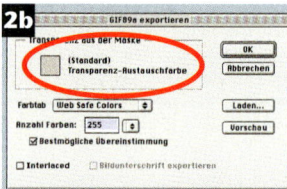

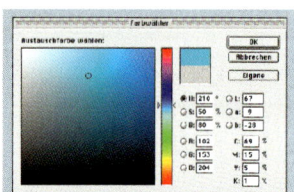

für einen farbigen Hintergrund, klicken Sie auf das graue Farbfeld (dieses Grau ist die Standard-Browser-Hintergrundfarbe: R=192, G=192, B=192). Damit gelangen Sie in den Farbwähler. Hier wählen Sie eine repräsentative Farbe Ihres Hintergrundmotivs aus oder geben die entsprechenden RGB-Werte ein. Soll diese Farbe websicher sein (siehe Seite 190), können Sie auch bei geöffnetem Farbwähler in die Farbfelder-Palette (die die Webfarben enthalten muss) klicken – diese Farbe erscheint dann im Farbwähler und deren RGB-Äquivalent wird angezeigt.

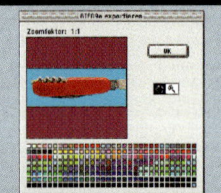

Über den *Vorschau*-Schalter sehen Sie das freigestellte Bild auf der von Ihnen ausgewählten Hintergrundfarbe – leider nicht exakt so, wie es der Browser darstellt. Überprüfen Sie deshalb immer im Browser.

Leider ist es in Photoshop 5 auch nicht möglich, die *Anzahl (der verwendeten) Farben* automatisch auf die tatsächlich benötigten einzugrenzen. Damit ließe sich nämlich die Dateigröße unter Umständen weiter reduzieren. Es ist lediglich eine Vorauswahl von 8, 16, 32, 64, 128, 255 oder einer selbst bestimmten Anzahl von Farben möglich, deren Auswirkung man jeweils über die *Vorschau* sehen kann. Eine Technik zum Entfernen von überflüssigen Farben in Photoshop 5 ist auf Seite 191 beschrieben.

Thema Kantenglättung

Im Gegensatz zu den Printmedien ist es im Webdesign ein legitimes Gestaltungsmittel, bei geeigneten Motiven (grafische Illustrationen mit einfarbigen Flächen) bewusst auf die Kantenglättung zu verzichten und die bildschirmtypische Pixelästhetik einzusetzen.

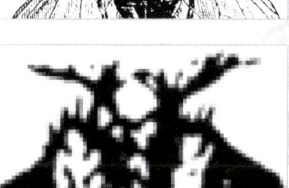

Bild mit geglätteten Kanten in zwei Darstellungsgrößen

Bild mit ungeglätteten Kanten in zwei Darstellungsgrößen

In vielen Fällen ist eine Kantenglättung auch nicht notwendig. Beim Speichern von transparenten GIFs kann es durch die Kantenglättung eben auch zu unschönen – im wahrsten Sinne des Wortes – Randerscheinungen kommen. Das GIF-Format unterstützt nur eine so genannte 1-Bit-Transparenz, d. h., dass nur eine einzige Farbe (bzw. die 100%ig transparenten Bildbereiche) maskiert, also transparent gemacht werden kann. Bei einem Bild ohne Kantenglättung lassen sich die transparent zu machenden Bereiche leichter identifizieren (auswählen) und das Ergebnis sieht mitunter bedeutend besser aus.

Bild mit geglätteten Kanten als Transparent GIF exportiert

Bild mit ungeglätteten Kanten als Transparent GIF exportiert

Kantenglättung

Die Option *Glätten* (Anti-Aliasing) glättet die Pixelstruktur, indem zusätzliche Pixel (in weiteren Tonwertstufen) erzeugt werden, die einen weichen Übergang in den Hintergrund simulieren. Glätten bringt damit normalerweise ein besseres Erscheinungsbild bei unregelmäßigen Begrenzungen, Schrägen und Rundungen (auch bei Text). Auf die Kantenglättung verzichtet man – abgesehen von gestalterischen Gründen – bei exakt senkrechten oder waagerechten sowie sehr kleinen Formen (auch bei sehr kleinem Text), da hier die aus der Glättung resultierende Unschärfe unerwünscht ist.

✔

Das Photoshop-Format arbeitet mit einer 8-Bit-Transparenz, d. h., dass 256 Tonwertstufen transparent sein können. Ebenso hat das PNG-Format eine 8-Bit-Transparenz, jedoch ist eine (korrekte) Darstellung nicht unter allen gängigen Browsern garantiert.

Ohne Kantenglättung arbeiten

Möchte man ohne Kantenglättung arbeiten, muss in Photoshop vor der Bearbeitung derartiger Grafiken für die relevanten Werkzeuge die Option *Glätten* ausgeschaltet werden. Dies betrifft Auswahllasso, -oval, Zauberstab, Fülleimer und Linienzeichner. Anstelle des Pinsels bzw. Airbrush-Werkzeuges verwendet man den Buntstift, der grundsätzlich ohne Kantenglättung arbeitet.

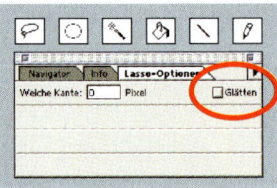

Vorsicht bei der Veränderung der *Bildgröße* (Neuberechnung) von Graustufenbildern mit der Interpolationsmethode *Bikubisch*. So kann aus einem ursprünglich ungeglätteten Bild eines mit Kantenglättung werden. Verwenden Sie stattdessen *Pixelwiederholung* oder konvertieren Sie das Graustufenbild anschließend wieder in den Modus *Bitmap* wie rechts beschrieben.

Um in bereits mit geglätteten Kanten gescannten Bildern nachträglich die weichen Kanten zu entfernen, kann man Graustufenbilder über *Bild ➤ Einstellen ➤ Bitmap* in den Modus *Bitmap* mit der *Option 50% Schwellenwert* umwandeln. Damit werden die geglätteten Kanten entfernt. Möchte man nun anschließend mit Graustufen oder Farbe arbeiten, muss das Bild wieder in den Graustufen- bzw. RGB-Modus konvertiert werden. Die Kanten bleiben dabei ungeglättet. Alternativ dazu können einem Graustufen- oder RGB-Bild auch über *Bild ➤ Einstellen ➤ Schwellenwert* die geglätteten Kanten genommen werden – hier kann der Schwellenwert individuell festgelegt werden.

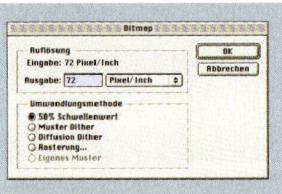

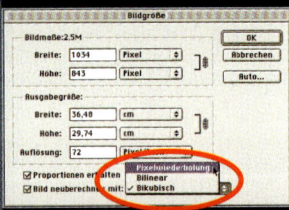

Die Wahl der richtigen Interpolationsmethode spielt z. B. auch beim Hochrechnen von *Bildschirmschnappschüssen* (Screenshots) für die Ausgabe in Printmedien eine Rolle. Hier möchte man nicht die Bild(schirm)auflösung von 72 dpi, sondern eine höhere, z. B. 300 dpi. Rechnet man mit *Bikubisch* hoch, führt dies zu unerwünschten Unschärfen – deshalb erreicht man mit *Pixelwiederholung* die besseren Ergebnisse.

Auch beim *Öffnen* von Vektorgrafiken, wie Sie beispielsweise aus Freehand (und anderen Grafikprogrammen) bzw. von Clipartsammlungen kommen können, kann man auf die Kantenglättung verzichten, indem die Option *Glätten* im Öffnen-Dialog ausgeschaltet wird.

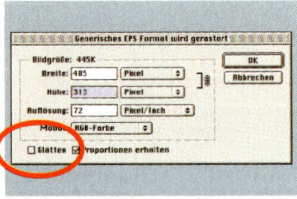

1. Beispiel für ein Hintergrundmuster einer Website, das auch ohne Kantenglättung sehr gut zurechtkommt. Aus einer gescannten Vorlage wurde in Photoshop ein Ausschnitt als Rapportelement ausgewählt und freigestellt (*Bild ➤ Freistellen*). Dieser Ausschnitt wurde in Freehand nachgezeichnet und als EPS exportiert.

2. Das EPS wurde in Photoshop ungeglättet geöffnet. In diesem Fall konnte man auf eine Kantenglättung verzichten, da diese sich optisch kaum bemerkbar macht. Ein Motiv ohne Kantenglättung kann sehr einfach umgefärbt werden, Transparenz ist leichter zu realisieren und der Speicherbedarf ist geringer, da es aus weniger Farben besteht.

Die ungeglätteten Kanten sollten natürlich nur bei geeigneten Motiven eingesetzt werden, z. B. bei Illustrationen mit größeren flächigen Bereichen oder mit einem spröden Charakter.

Geglättetes Bild (30 Farben; 3,5 KB)

Ungeglättetes Bild (8 Farben; 2,1 KB)

✔
Zum Entfernen überflüssiger websicherer Farben in Photoshop 5 lesen Sie bitte auf Seite 191 nach.

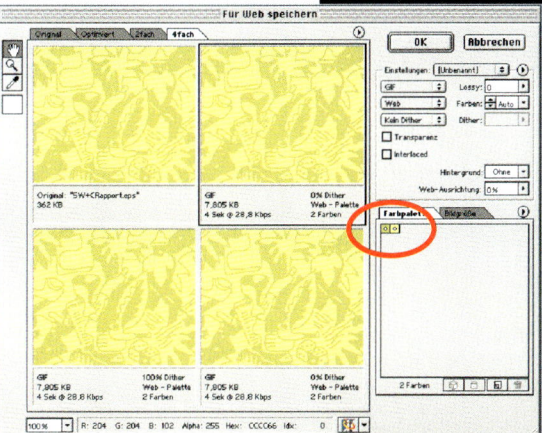

Text wirkungsvoll gestalten

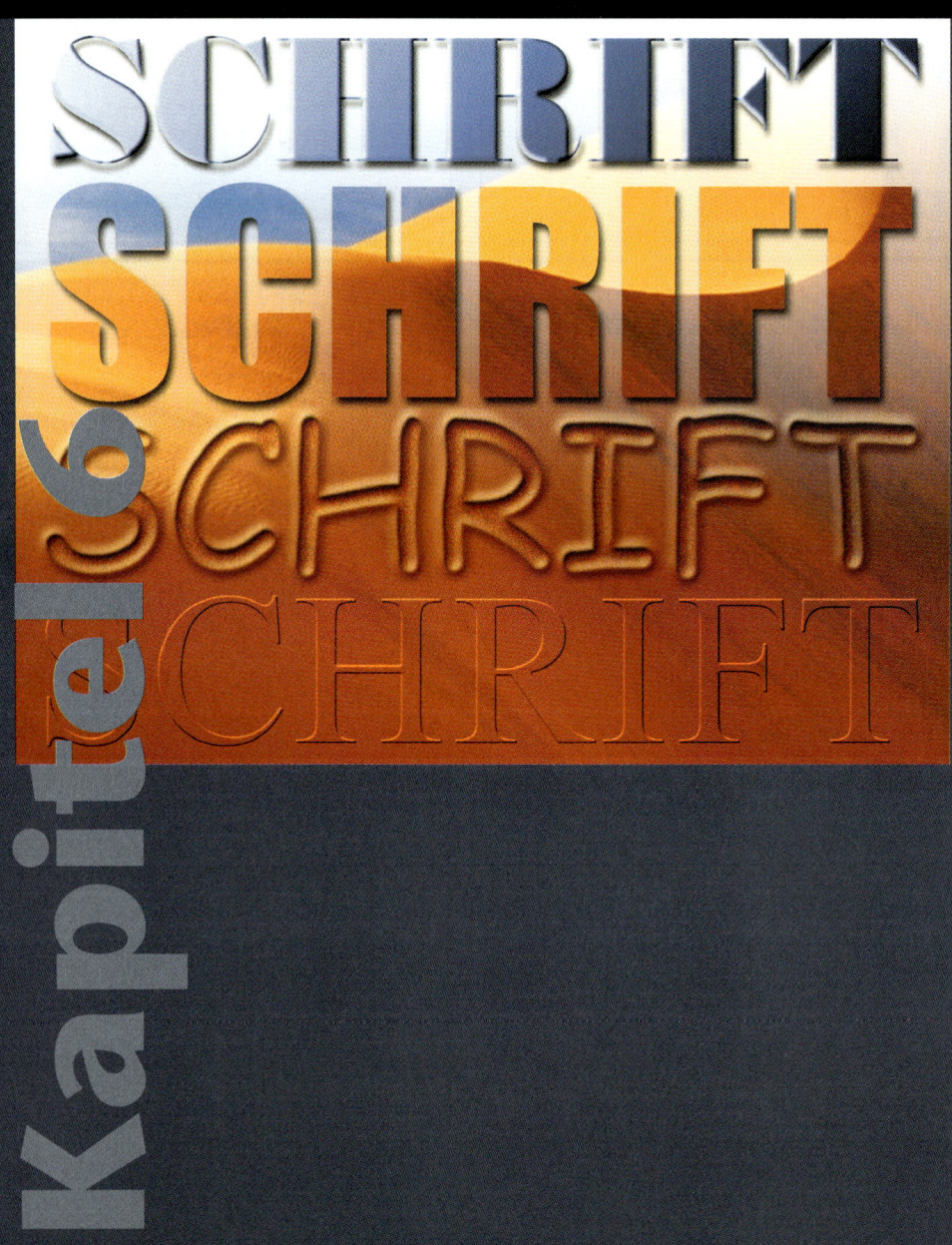

Schrifteffekte mit dem Text- und Textmasken-Werkzeug

Photoshop ermöglicht, mit den Textwerkzeugen horizontalen oder vertikalen *Text* bzw. *Text als Auswahl* in ein Bild einzusetzen. Der Text bleibt editierbar, solange die Textebene nicht gerendert wird.

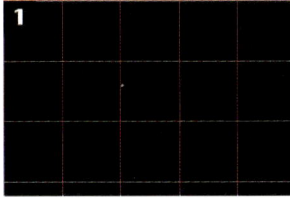

1. Legen Sie ein neues Dokument an und füllen Sie den Hintergrund schwarz. Richten Sie Ihr Raster ein (*Abstand* = Dokumentbreite geteilt durch die Anzahl der Buchstaben).

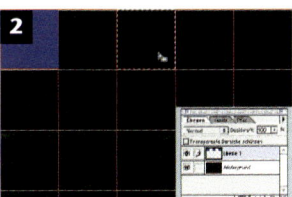

2. Füllen Sie auf einer neuen Ebene die entsprechende Anzahl von quadratischen Auswahlbereichen mit einer Farbe.

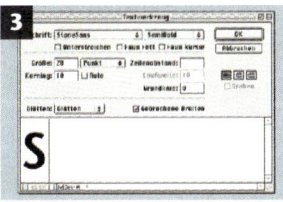

3. Wählen Sie dann das *Textmasken-Werkzeug* (□) und klicken Sie einmal in das Bild. Geben Sie im Texteingabefeld den ersten Buchstaben ein.

4. Nach dem Verlassen des Dialoges erscheint der Buchstabe als Auswahl im Bild und kann nun noch richtig positioniert werden (verwenden Sie ggf. eine Hilfslinie).

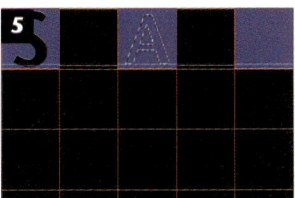

5. Stanzen Sie den Buchstaben aus, indem Sie einfach löschen (*Bearbeiten* ➤ *Löschen*; ⌫). Verfahren Sie so mit den übrigen zu stanzenden Buchstaben.

Textwerkzeuge

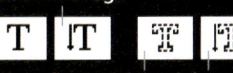

Textmaskenwerkzeuge

Textwerkzeuge

Mit den *Textwerkzeugen* erstellter Text erscheint auf einer neuen Textebene, die durch das Textsymbol (T) gekennzeichnet ist. Verwenden Sie das Bewegen-Werkzeug (➤✛), um den Text zu verschieben. In der Ebenen-Palette kann der Text weiter modifiziert werden (*Deckkraft* oder *Modus*). Falls Sie eines der *Textmaskenwerkzeuge* verwendet haben, erscheint der erstellte Text als aktive Auswahl auf der zuvor aktiv gewesenen Ebene. Die Auswahlbegrenzung kann wie jede gewöhnliche Auswahl weiterbearbeitet werden. Wird der Mauszeiger über einen Bereich innerhalb der Auswahl bewegt, wandelt er sich ( ) und Sie können nun die Auswahl verschieben. Beachten Sie, dass die Pixel innerhalb der Auswahl auf der aktiven Ebene betroffen sind, wenn die Auswahl nun weiterbearbeitet (beispielsweise gefüllt oder gelöscht) wird.

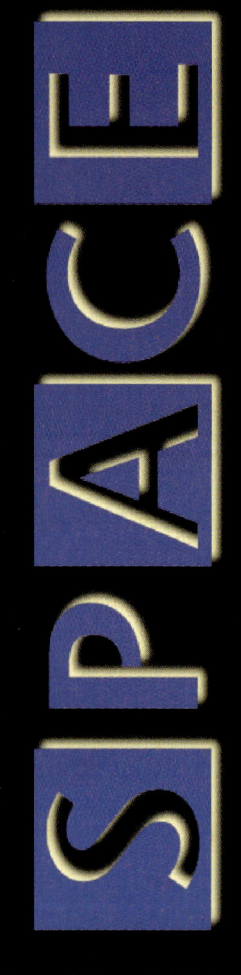

Alternativ kann ab Schritt 8 auch mit Hilfe der *Ebene* ➤ *Ebeneneffekte* ➤ *Schlagschatten* ein vergleichbarer Lichteffekt erzeugt werden. Die Standardeinstellung für *Schlagschatten* muss auf *Negativ multiplizieren* und eine *helle Farbe* geändert werden.

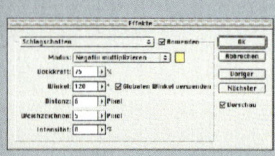

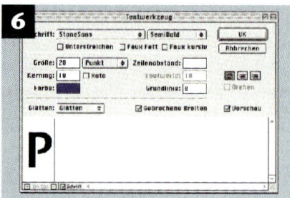

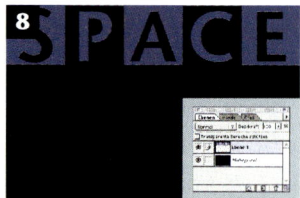

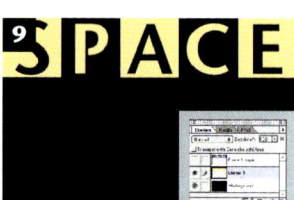

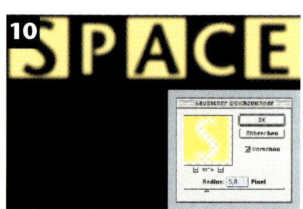

6. Wählen Sie dann das *Text-Werkzeug* (T) und klicken Sie einmal in das Bild. Geben Sie im Texteingabefeld den ersten ungestanzten Buchstaben ein.

7. Nach dem Verlassen des Dialoges erscheint der Buchstabe auf einer neuen Ebene und kann mit dem *Bewegen-Werkzeug* (⊞) verschoben werden (Hilfslinie).

8. Ergänzen Sie auf die gleiche Weise die restlichen Buchstaben. Reduzieren Sie alle Textebenen sowie die gestanzte Ebene auf eine einzige (ggf. vorher *Ebene* ➤ *Text rendern*).

9. Für den weichen Lichteffekt duplizieren Sie die Ebene, die den Text enthält, blenden das Duplikat aus und aktivieren die Original-Textebene. Füllen Sie mit einer anderen Farbe.

10. Verschieben Sie die Ebene um einige Pixel nach rechts und unten. Wenden Sie den *Filter* ➤ *Weichzeichnungsfilter* ➤ *Gaußscher Weichzeichner* an.

11. Blenden Sie die duplizierte Ebene wieder ein, um das Ergebnis zu begutachten.

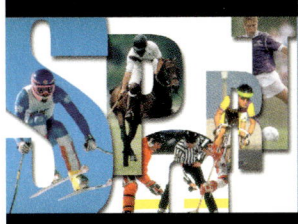

Schrift und Maskierungsgruppen

Die Maskierungsgruppen-Technik lässt sich gut beim Arbeiten mit Schrift zunutze machen. Vergleichbare Effekte können jedoch auch mit Hilfe von Ebenenmasken erzielt werden.

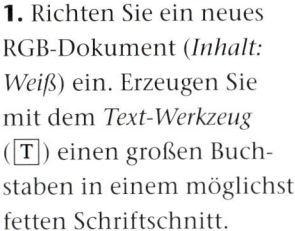

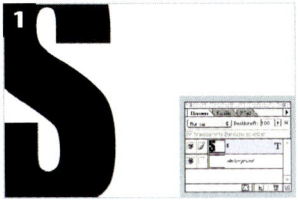

1. Richten Sie ein neues RGB-Dokument (*Inhalt: Weiß*) ein. Erzeugen Sie mit dem *Text-Werkzeug* (T) einen großen Buchstaben in einem möglichst fetten Schriftschnitt.

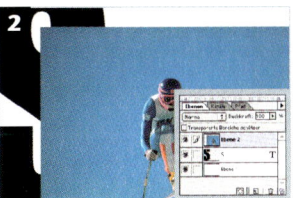

2. Öffnen Sie ein zweites Bild und ziehen Sie den Bildinhalt mit dem *Bewegen-Werkzeug* () in das Text-Dokument. Die Bildebene muss sich über der Textebene befinden.

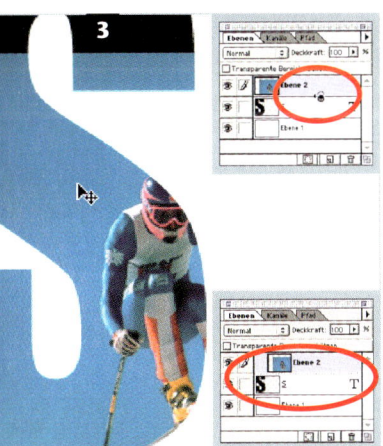

3. Halten Sie die Maus bei gedrückter Wahltaste () über die Trennlinie zwischen Text- und Bildebene, bis das *Gruppierungssymbol* () erscheint, und klicken Sie dann einmal. Alternativ kann auch der Befehl *Ebene → Mit darunterliegender Ebene gruppieren* (⌘G) verwendet werden. Korrigieren Sie ggf. die Position der Bildebene mit dem Bewegen-Werkzeug

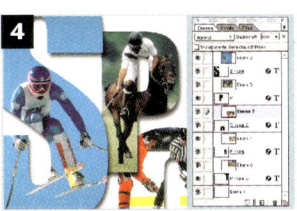

4. Wiederholen Sie die Arbeitsschritte für andere Buchstaben. Größen werden durch *Transformieren* (⌘T) angepasst. Ergänzen Sie die *Schlagschatten*.

Maskierungsgruppen

Eine Maskierungsgruppe wird durch den Befehl *Ebene → Mit darunterliegender Ebene gruppieren* (⌘G) gebildet und durch ⌘⇧G aufgehoben. Eine Maskierungsgruppe ist eine Gruppe von mindestens zwei Ebenen, innerhalb deren die unterste Ebene (Basisebene) wie eine Ebenenmaske auf alle Ebenen der Gruppe wirkt. Es können beliebig viele, jedoch nur aufeinander folgende Ebenen zu einer Maskierungsgruppe zusammengefasst werden. Die Basisebene muss deckende Pixel und transparente Bereiche enthalten, damit die Wirkung eintritt (insofern kann eine Hintergrundebene nicht Basisebene sein). Die deckenden Pixel der Basisebene bilden die Form der Maske – alle Bildteile darüber liegender Ebenen innerhalb dieser Form werden gezeigt. Alle Bildteile darüber liegender Ebenen außerhalb dieser Form (also die transparenten Bereiche der Basisebene) werden ausgeblendet. Die ursprüngliche Farbe der Pixel der Basisebene spielt keine Rolle – jedoch ihre Deckkraft. Die Ebenen einer Ebenengruppierung werden in der Ebenen-Palette mit durchbrochenen Linien, der Name der Basisebene unterstrichen und die Miniaturen der gruppierten Ebenen eingerückt dargestellt.

Schrifteffekte mit Gradations-kurven

Der Gradationskurven-Dialog lässt sich neben seiner Hauptfunktion als Korrekturwerkzeug u. a. auch für die effektvolle Gestaltung von Schrift verwenden.

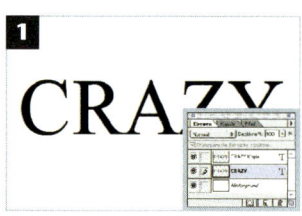

1. Richten Sie ein neues RGB-Dokument (*Inhalt: Weiß*) ein. Erstellen Sie einen Text bei schwarzer Vordergrundfarbe. Duplizieren Sie die Textebene.

2. Aktivieren Sie wieder die Original-Textebene und reduzieren Sie sie mit der darunter liegenden (Hintergrundebene) auf eine Ebene (⌘E). Blenden Sie die Textebene-Kopie aus.

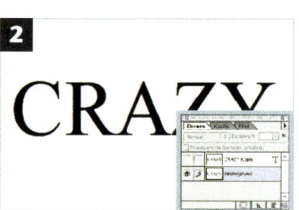

3. Wenden Sie nun den *Filter* ➞ *Weichzeichnungsfilter* ➞ *Gaußscher Weichzeichner* an, um den Tonwertumfang zu vergrößern. Der *Radius* definiert auch die Breite des Effekts.

4. Öffnen Sie *Bild* ➞ *Einstellen* ➞ *Gradationskurven...* Malen Sie mit dem Zeichenstift des Dialoges eine wilde Kurve mit vielen Bergen und Tälern. Haben Sie bei *Kanal: RGB* ausgewählt, erfolgt eine Veränderung in Graustufen. Wählen Sie hingegen die einzelnen Farbkanäle aus und verändern diese, erzeugen Sie farbige Effekte.

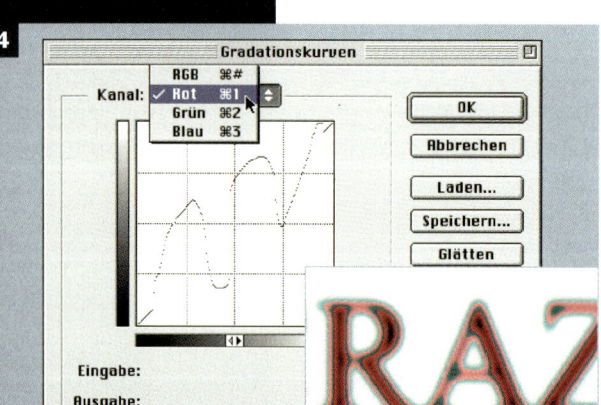

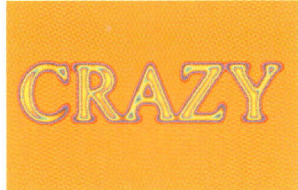

5. Wenn Sie mögen, können Sie den Effekt plastisch verstärken. Wechseln Sie in die kopierte Textebene und wenden Sie darauf den *Gaußschen Weichzeichner* in einer etwas höheren Stärke an. (Die Abfrage, ob der Text gerendert werden soll, bestätigen Sie.) Füllen Sie dann die deckenden Pixel mit einer hellen Farbe (z. B. Gelb) (⇧⌥⌫).

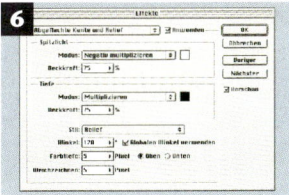

6. Experimentieren Sie zusätzlich mit den Ebeneneffekten. Ich habe *Abgeflachte Kante und Relief (Stil: Relief)* mit den links dargestellten Einstellungen verwendet.

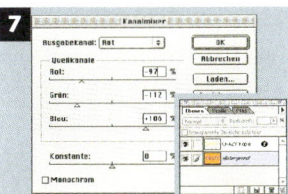

7. Die Farbigkeit (der Hintergrundebene) kann nun ganz einfach mit Hilfe des Kanalmixers (*Bild* ➤ *Einstellen* ➤ *Kanalmixer...*) weiter modifiziert werden.

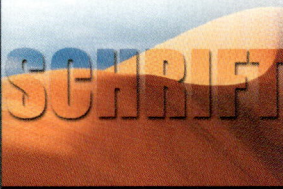

Schrift mit Ebeneneffekten: Schlagschatten

Einfache Texte können mit Schlagschatten aufgewertet werden. Häufig lassen sie sich damit besser von einem Hintergrund abheben und vermitteln gleichzeitig eine räumliche Wirkung.

Ebeneneffekte

Ebeneneffekte können nur auf transparenten Ebenen, also nicht auf einem *Hintergrund* angewendet werden. Ebeneneffekte werden an den Kanten der deckenden Pixel wirksam und beziehen sich auf den gesamten Inhalt einer Ebene. Beim Bewegen oder Bearbeiten der Ebene werden die Effekte automatisch aktualisiert. Nach Ihrer Anwendung erscheint ein Symbol (*f*) in der Ebenenpalette. Durch Doppelklick auf dieses Symbol oder nochmaligen Aufruf des Befehls können die Ebeneneffekte jederzeit geändert werden. Ebeneneffekte können auch ausgeblendet oder vollständig entfernt werden. Ebeneneffekte können auf editierbare Textebenen angewendet werden, ohne dass der Text gerendert werden muß.

✔

Beachten Sie, dass auf einem *Hintergrund* keine Ebenenmaske eingerichtet werden kann. Doppelklicken Sie auf den *Hintergrund*. Bestätigen Sie den Dialog *Als Ebene einsetzen* mit *OK* – damit wird der Hintergrund in eine transparente Ebene umgewandelt (die jedoch die deckenden Pixel behält). Nun ist es möglich, eine Ebenenmaske anzulegen.

1

1. Öffnen Sie ein Bild. Wählen Sie das *Textmasken-Werkzeug* (⊤) und klicken Sie einmal in das Bild. Geben Sie im Texteingabefeld den Text ein.

2

2. Erstellen Sie aus dem Hintergrund eine *Ebene ➤ Neu ➤ Ebene durch Kopieren* (⌘J). Blenden Sie den Hintergrund aus, um das Ergebnis zu sehen.

3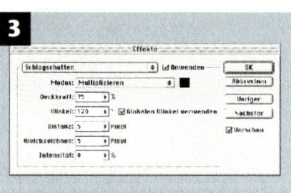

3. Wählen Sie *Ebene ➤ Ebeneneffekte ➤ Schlagschatten*. Experimentieren Sie mit den Einstellungen. Beim Effekt *Schlagschatten* (und *Schatten nach innen*) können Sie den Effekt auch im Bild (bei geöffnetem Dialog) an die gewünschte Position ziehen – die Werte bei *Distanz* und *Winkel* werden aktualisiert. Blenden Sie den Hintergrund wieder ein.

4

4. Für einen abgeschwächten Hintergrund erzeugen Sie einen *Verlauf* in einer *Ebenenmaske* und ergänzen das Bild mit einer weißen Hintergrundfläche.

Schrift mit Ebeneneffekten: Abgeflachte Kante und Relief

Viele Effekte, insbesondere Reliefeffekte, die bis Version 4 nur umständlich und mit einiger Übung mit Hilfe von Alphakanälen zu erstellen waren, lassen sich nun einfach über *Abgeflachte Kante und Relief* erzeugen.

1. Für ein Beispiel, das seine Wirkung auf allen mehrfarbigen Hintergründen entfaltet, legen Sie ein neues Dokument (*Inhalt: Transparent*) an. Erzeugen Sie Text in 50% Grau.

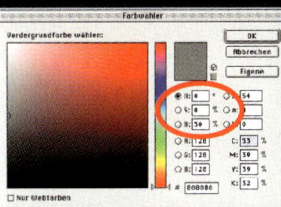

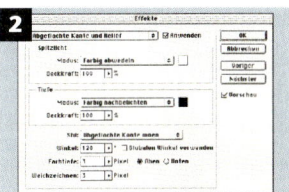

2. Wählen Sie dann *Ebene ➤ Ebeneneffekte ➤ Abgeflachte Kante und Relief.* Für *Spitzlicht* stellen Sie *Farbig abwedeln/Deckkraft 100%/Farbfeld: Weiß* ein, für Tiefe *Farbig nachbelichten/Deckkraft 100%/Farbfeld: Schwarz.* Als *Stil* wählen Sie *Abgeflachte Kante Innen/Oben.* Als Ebenenmodus wählen Sie in der Ebenen-Palette statt *Normal Ineinanderkopieren.*

Ein 50%iges Grau stellt man am besten über den Farbwähler (Klick auf Vordergrundfarbe in der *Werkzeugpalette*) im HSB-Modell ein: B = 50% (Brightness = Helligkeit); S = 0% (Saturation = Sättigung).

3. Ziehen Sie diese Textebene nun mit dem *Bewegen-Werkzeug* (⊞) in ein beliebiges Hintergrundbild. Probieren Sie andere Effekteinstellungen und andere Schriftarten aus.

4. Durch Aktivierung der Option *Unten* oder Änderung des *Winkels* im Ebeneneffekte-Dialog lässt sich ein vertiefter statt erhabener Eindruck erzielen.

Ebenenmodi

• *Farbig abwedeln* hellt die Ausgangsfarbe auf (schwarzer Farbauftrag hat keine Auswirkung).

• *Farbig nachbelichten* dunkelt die Ausgangsfarbe ab (weißer Farbauftrag hat keine Auswirkung).

• *Ineinanderkopieren, Weiches Licht* und *Hartes Licht* sind (verschiedene) Kombinationen aus *Multiplizieren* und *Negativ multiplizieren* (siehe nächste Seite) mit jeweils unterschiedlicher Wirkung auf helle und dunkle Farben. Ein 50%iges Grau ist ein neutrale Farbe, die in allen drei Modi keine Veränderung zeigt. Deshalb ist sie für Reliefeffekte besonders geeignet, da die eigentlichen Pixel praktisch ausgeblendet und nur die Reliefkanteneffekte sichtbar werden.

Und nochmal: Abgeflachte Kante und Relief

1. Öffnen Sie ein geeignetes Dokument und erzeugen Sie mit dem *Textmasken-Werkzeug* (⟦T⟧) einen Text in einer passenden Schriftart.

2. Drehen Sie ggf. die Auswahl über *Auswahl* ➤ *Auswahl transformieren*. (In Photoshop 5 finden Sie denselben Befehl fälschlicherweise unter *Auswahl* ➤ *Auswahl verändern*!)

Ebenenmodi

• *Multiplizieren* multipliziert den Farbwert der Ausgangsfarbe mit dem Farbauftrag mit dem Ergebnis einer gleichzeitigen Kolorierung und Abdunklung. *Multiplizieren* verstärkt die Tiefen, ohne die Farben der darunter liegenden Ebenen zu verlieren, und ist deshalb gut zum Schattieren geeignet (durch schwarzen Farbauftrag entsteht Schwarz; weißer Farbauftrag hat keine Auswirkung).

• *Negativ multiplizieren* multipliziert die umgekehrten Farbwerte der Ausgangsfarbe und des Farbauftrags mit dem Ergebnis einer gleichzeitigen Aufhellung und Abschwächung der Farbigkeit (schwarzer Farbauftrag hat keine Auswirkung; durch weißen Farbauftrag entsteht Weiß).

3. Erstellen Sie aus dem Hintergrund eine *Ebene* ➤ *Neu* ➤ *Ebene durch Kopieren* (⌘J). Blenden Sie den Hintergrund aus, um das Ergebnis zu sehen.

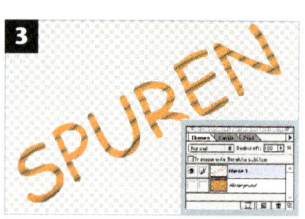

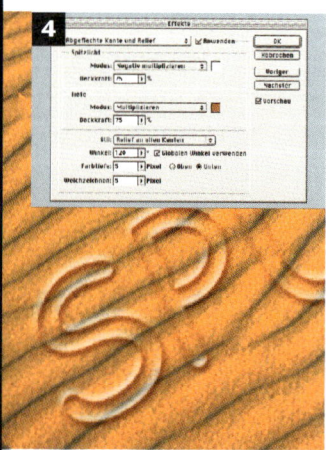

4. Wählen Sie *Ebene* ➤ *Ebeneneffekte* ➤ *Abgeflachte Kante und Relief*. Für *Spitzlicht* wählen Sie *Negativ multiplizieren / Deckkraft 75 %/Farbfeld:* eine sehr helle Farbe aus dem Bild (⟦⟧), für *Tiefe Multiplizieren/Deckkraft 75 %/Farbfeld:* eine dunkle Farbe aus dem Bild. Als *Stil* wählen Sie *Relief an allen Kanten/Unten*.

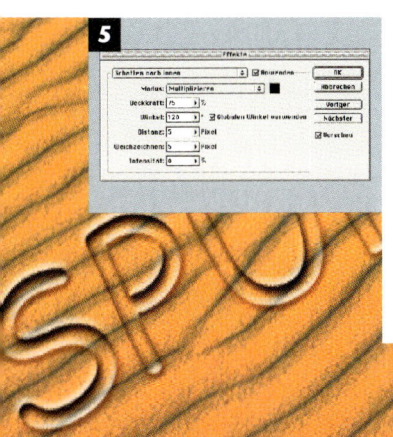

5. Zur Verstärkung der Wirkung wählen Sie als zusätzlichen Effekt *Schatten nach innen* mit dem Modus *Multiplizieren* und der Farbe *Schwarz*. Stellen Sie *Winkel, Distanz* und *Weichzeichnen* nach Augenschein ein.

Original (zwei Ebenen) und Variationen mit *Abgeflachte Kante und Relief*

6. Laden Sie sich die *Transparenzmaske* der Textebene durch Klicken auf die Ebene in der Ebenen-Palette bei gedrückter Befehlstaste (⌘).

7. Verwischen Sie nun mit dem *Wischfinger* (☝) eventl. vorhandene Details (hier die Sandfurchen). Durch die aktuelle Auswahl bleibt die Arbeit auf diesen Bereich begrenzt.

8. Heben Sie die Auswahl auf (⌘D). Um die Kanten weicher zu gestalten, habe ich in meinem Beispiel noch den *Filter* ➤ *Weichzeichnungsfilter* ➤ *Gaußscher Weichzeichner* verwendet. Für eine körnige Struktur lässt sich der *Filter* ➤ *Störungsfilter* ➤ *Störungen hinzufügen* oder der *Strukturierungsfilter* ➤ *Körnung* einsetzen.

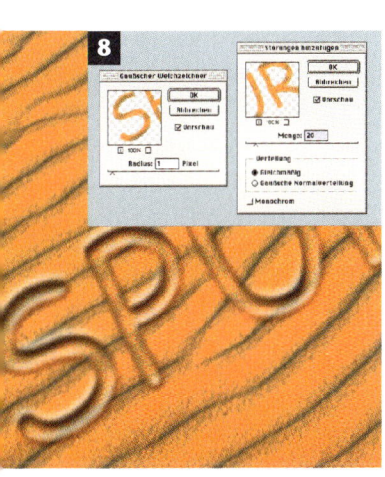

Schrifteffekte mit Filtern (Basrelief)/Arbeiten mit Pfaden

Einige Filter, z. B. der *Zeichenfilter* ➤ *Basrelief* sind geeignet, räumlich wirkende Effekte zu erzeugen. Auch dieser Effekt ist natürlich nicht nur auf Schrift anwendbar.

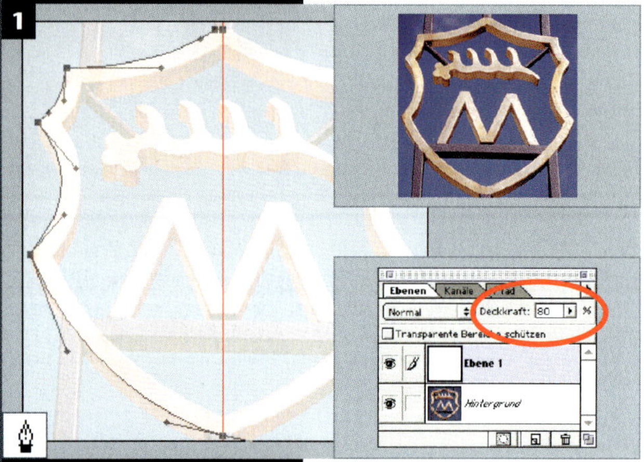

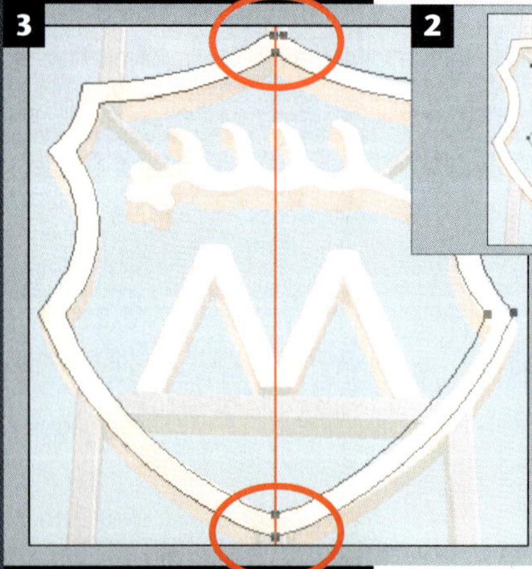

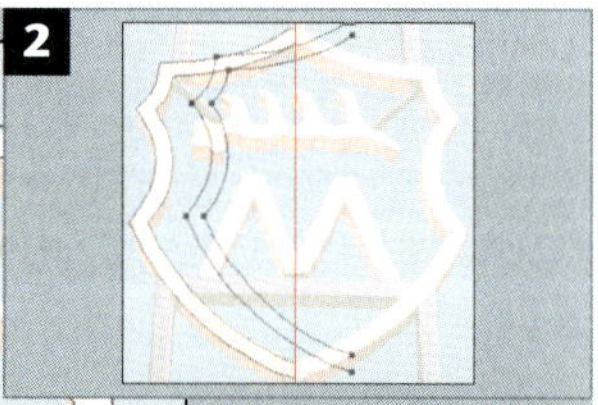

1. Als Vorlage dient eine gescannte Datei. Um eine exakt symmetrische Form zu erreichen, wird nur eine Hälfte des äußeren Rahmens mit Hilfe von Pfaden nachgezeichnet. Damit die Pfade während des Zeichnens besser sichtbar sind, kann man zeitweilig eine weiß gefüllte Ebene mit reduzierter Deckkraft anlegen. Legen Sie eine Hilfslinie als Symmetrieachse an und richten Sie die entsprechenden Punkte exakt daran aus. Verwenden Sie nur so wenig Punkte wie nötig – regeln Sie den Kurvenverlauf mit Hilfe der Anfasser.

2. Wählen Sie die zwei Unterpfade aus, kopieren Sie sie über *Bearbeiten* ➤ *Kopieren* (⌘C) und fügen Sie sie gleich wieder ein mit *Bearbeiten* ➤ *Einfügen* (⌘V).

3. Wählen Sie *Bearbeiten* ➤ *Pfad transformieren* ➤ *Horizontal spiegeln*. Richten Sie die eingefügten Pfade an der Hilfslinie aus (Einzoomen!).

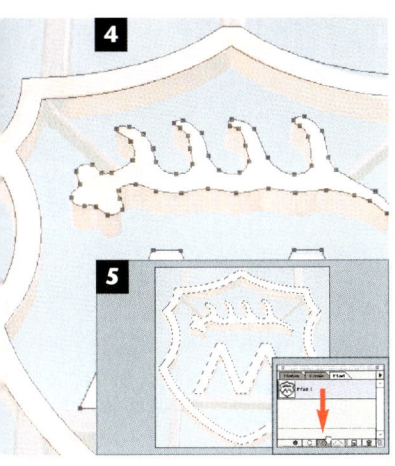

4. Zeichnen Sie die übrigen Bildteile nach.

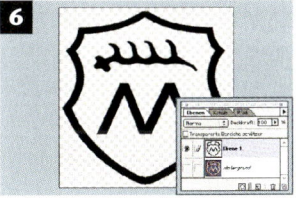

5. Wandeln Sie den *Pfad* in eine Auswahl um, indem Sie ihn auf das Auswahlsymbol (⬚) in der Pfade-Palette ziehen oder im Untermenü *Auswahl erstellen...* wählen.

6. Füllen Sie die Auswahl auf einer neuen Ebene mit Schwarz und löschen Sie die weiße Ebene. Blenden Sie den *Hintergrund* aus oder löschen Sie ihn.

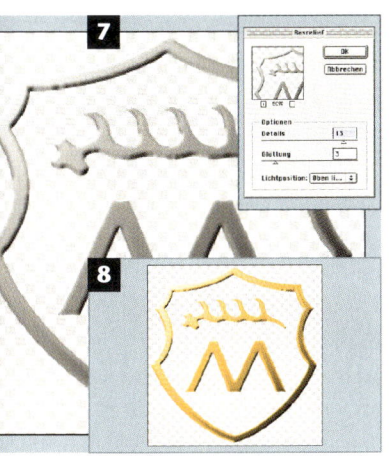

7. Wenden Sie den *Filter* ➤ *Zeichenfilter* ➤ *Basrelief* an (*Lichtpos.:* Oben links). Der Filter verwendet die eingestellte Vorder-/Hintergrundfarbe – stellen Sie hier am besten Schwarz/Weiß ein.

8. Nun haben Sie die Möglichkeit, über *Bild* ➤ *Einstellen* ➤ *Farbton/Sättigung* und *Kolorieren* bzw. *Färben* das Motiv farbig zu gestalten.

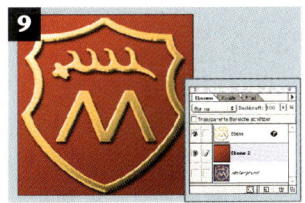

9. Eine neue, mit einem farbigen Verlauf gestaltete Ebene im Hintergrund und ein Schlagschatten vervollständigen das Bild.

✔ Wird eine symmetrische Pfadform beim Umwandeln in eine Auswahl nicht in der gewünschten Form geschlossen, heben Sie die Auswahl auf und überprüfen, ob die relevanten Punkte genau übereinander auf der Hilfslinie liegen (siehe Schritt 3). Ist dies nicht der Fall, ist der Pfad praktisch offen und sein Anfangs- und Endpunkt werden beim Umwandeln in eine Auswahl durch eine Gerade miteinander verbunden. Korrigieren Sie die Position der Pfade und wandeln erneut in eine Auswahl um.

Schrifteffekte mit Filtern (Stempel)

1. Erzeugen Sie in einem neuen Dokument mit weißem Hintergrund einen schwarzen Text. Reduzieren Sie beide Ebenen auf eine (⌘E).

2a. Wenden Sie den *Filter ➤ Zeichenfilter ➤ Stempel...* bei Vorder-/Hintergrundfarbe Schwarz/Weiß an. Experimentieren Sie mit den Einstellungen.

2b. Wählen Sie eine beliebige Vorder- und Hintergrundfarbe. Wenden Sie dann den *Filter ➤ Zeichenfilter ➤ Stempel...* an – der Filter verwendet die aktuellen Farben.

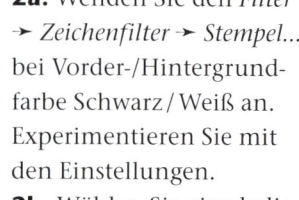

✔
Weitere Informationen zum Speicherformat TIFF finden Sie ab Seite 185.

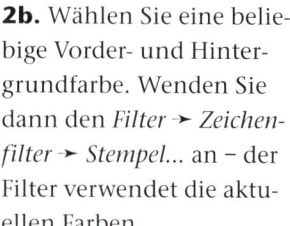

3. Sie können das Bild nun in Photoshop weiterbearbeiten oder in den *Bitmap-Modus* konvertieren (für die Printausgabe mit Kantenglättung bei 900 dpi) und als TIFF speichern.

4. Ein Bitmap-TIFF lässt sich in jedem Layoutprogramm kolorieren und sein weißer Hintergrund ausblenden (hier in QuarkXPress).

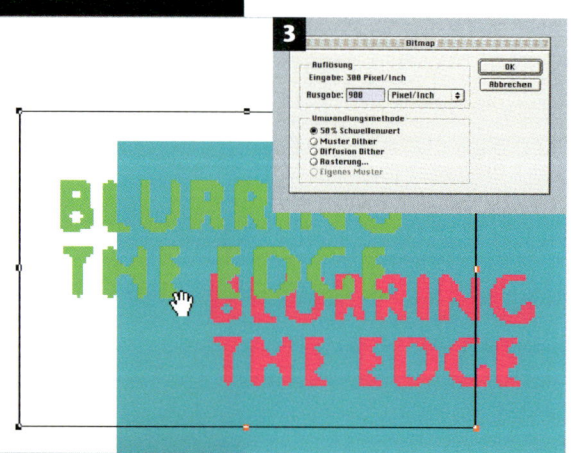

Leuchteffekte –
nicht nur für Schrift

1. Legen Sie ein neues RGB-Dokument an und füllen Sie den Hintergrund schwarz. *Plazieren* Sie eine Grafik, die nur aus schwarz gefüllten Flächen bestehen sollte, aus einem Grafikprogramm oder erstellen Sie Text in schwarzer Farbe (es entsteht eine neue Ebene). Blenden Sie den Hintergrund kurzzeitig aus, um das zu beleuchtende Objekt sichtbar zu machen.

2. Duplizieren Sie die Objektebene und füllen Sie die deckenden Pixel mit roter Farbe. Blenden Sie die Originalebene aus und den *Hintergrund* wieder ein.

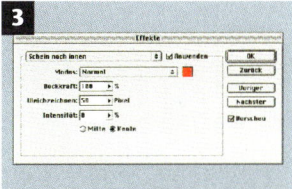

3. Wenden Sie auf der roten Ebene die Ebeneneffekte *Schein nach innen* und *Schein nach außen* mit starker Weichzeichnung (hier 50 Pixel bei 472 Pixel Bildbreite) und roter Farbe an. Für den *Schein nach außen* sollte auch die *Intensität* erhöht werden (hier 220%) – dies vervielfacht die Wirkung.

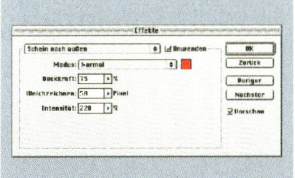

4. Duplizieren Sie die Leuchtobjektebene ein zweites Mal und füllen Sie mit einem kräftigen Gelb. Bringen Sie die Ebene in der Ebenen-Palette ganz nach oben.

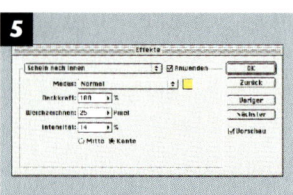

5. Wenden Sie auf der gelben Ebene die Ebeneneffekte *Schein nach innen* und *Schein nach außen* mit der halben Weichzeichnung von Schritt 3 (hier 25 Pixel bei 472 Pixel Bildbreite) und gelber Farbe an. Für beide Effekte kann die *Intensität* erhöht werden (hier 14 bzw. 42%).

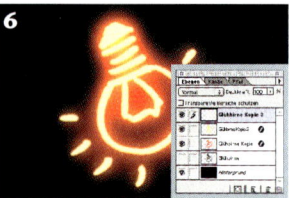

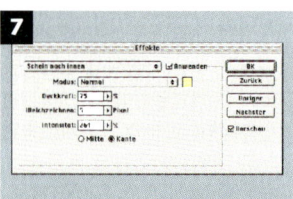

6. Duplizieren Sie die Leuchtobjektebene ein drittes Mal und füllen Sie mit einem sehr hellen Gelb. Bringen Sie die Ebene in der Ebenen-Palette ganz nach oben.

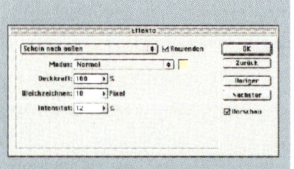

7. Wenden Sie auf der hellgelben Ebene die Ebeneneffekte *Schein nach innen* und *Schein nach außen* mit nochmals reduzierter Weichzeichnung (hier 5 bzw. 10 Pixel bei 472 Pixel Bildbreite) und hellgelber Farbe an. Für beide Effekte kann die *Intensität* erhöht werden (hier 264 bzw. 12%).

8. Im nächsten Schritt befördern Sie die Leucht-objekt-Ebene ganz nach oben in der Ebenen-Palette und stellen als Ebenenmodus *Ineinander-kopieren* ein.

9. Reduzieren Sie ggf. die Ebenen-Deckkraft der ro-ten Ebene auf 70%.

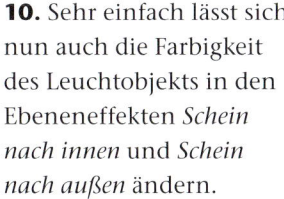

✔ Weitere Variationen des Leuchteffekts lassen sich über unterschiedlich starke *Weichzeichnung, Intensität* und *Deckkraft* in den Ebenen-effekten erreichen.

10. Sehr einfach lässt sich nun auch die Farbigkeit des Leuchtobjekts in den Ebeneneffekten *Schein nach innen* und *Schein nach außen* ändern.

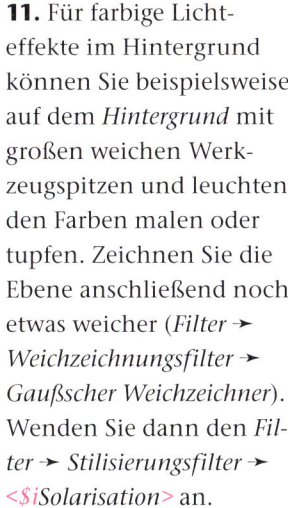

11. Für farbige Licht-effekte im Hintergrund können Sie beispielsweise auf dem *Hintergrund* mit großen weichen Werk-zeugspitzen und leuchten-den Farben malen oder tupfen. Zeichnen Sie die Ebene anschließend noch etwas weicher (*Filter* ➤ *Weichzeichnungsfilter* ➤ *Gaußscher Weichzeichner*). Wenden Sie dann den *Fil-ter* ➤ *Stilisierungsfilter* ➤ *<$iSolarisation>* an.

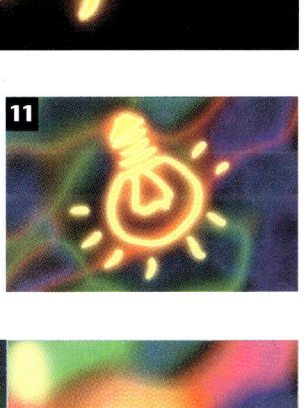

Überstehender Ebeneninhalt

Seit Photoshop 4 kann der Inhalt einer Ebene größer sein als die Abmessungen des Bildes, d.h., es wird nur der Teil der Ebene gezeigt, der auf die Arbeitsfläche passt – der Rest wird im Arbeitsspeicher gehalten. Dieser Fall kann entstehen, wenn eine größere Ebene per *Drag and Drop* in ein kleineres Bild gezogen wird. Mit dem *Bewegen-Werkzeug* kann der Überstand jederzeit auf die Arbeitsfläche verschoben bzw. mit dem *Transformieren*-Befehl auf die gewünschte Größe skaliert werden.

Bei einigen Filtern (Filter, die mit einer *Verschiebungsmatrix* arbeiten) erfolgt die Ausrichtung der Matrix ausgehend von der linken oberen Ecke des Ebeneninhalts. Befindet sich diese außerhalb der Arbeitsfläche, erscheint der Effekt um diese Distanz nach links und oben verschoben. Falls das Reflexionsmotiv also größer als die Arbeitsfläche sein sollte, wählen Sie alles aus (⌘A) und dann *Bearbeiten* ➤ *Freistellen*. Bei der Anwendung des Befehls *Auswahl* ➤ *Alles auswählen* (⌘A) wird nur der auf die Arbeitsfläche passende Bildausschnitt ausgewählt und nicht der sich eventuell außerhalb der Arbeitsfläche befindliche Inhalt einer Ebene.

Chromeffekte

Für einen wirkungsvollen Chromeffekt benötigen Sie ein Bild als Reflexionsmotiv. Dieses Bild sollte nicht zu viele Details und eine ausgewogene Kontrastverteilung aufweisen. Wählen Sie das Reflexionsmotiv auch im Hinblick auf die gewünschte Farbigkeit aus.

1. Legen Sie eine neue RGB-Datei (*Hintergrund Weiß*) an. Ziehen Sie ein Bild, welches als Reflexion dienen soll, in die Datei. Falls die Größe nicht ausreicht, transformieren Sie.

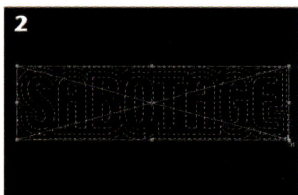

2. Zum Erstellen einer Matrix wechseln Sie in die Kanäle-Palette und legen einen neuen Kanal an (*Alpha 1*). Importieren Sie eine Grafik über *Datei* ➤ *Plazieren*. Legen Sie die Größe über die Anfasser der Bounding-Box fest (zum Bestätigen drücken Sie die Returntaste ⏎). Füllen Sie die Auswahl weiß und heben Sie die Auswahl auf (⌘D).

3. Duplizieren Sie den Kanal (wird *Alpha 2*) und wenden Sie den *Filter* ➤ *Weichzeichnungsfilter* ➤ *Gaußscher Weichzeichner* an (hier *Radius* 5 Pixel bei 950 Pixel Bildbreite).

4. Duplizieren Sie *Alpha 2* (wird *Alpha 3*). Dann laden Sie die Auswahl von *Alpha 1*, kehren sie um (⌘⇧I), füllen schwarz und heben die Auswahl auf.

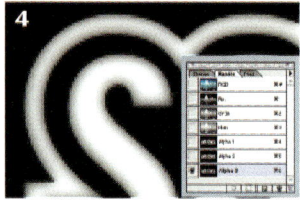

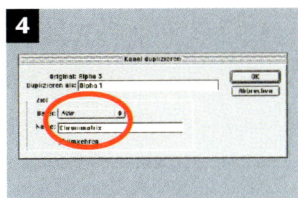

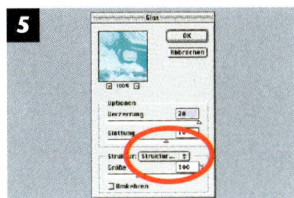

4. Wählen Sie dann im Untermenü der Kanäle-Palette *Kanal duplizieren*. Wählen Sie im Dialog unter *Datei*-Menü *Neu* und geben Sie einen Namen ein – damit entsteht aus einem Kanal eine neue Datei, die später als Verschiebungsmatrix verwendet wird. Speichern Sie die Matrix-Datei im Photoshop-Format (*.psd) ab.

5. Wenden Sie auf der Bildebene den *Filter* ➤ *Verzerrungsfilter* ➤ *Glas* an. Wählen Sie im *Struktur*-Menü *Struktur laden...* und dann die in Schritt 4 gespeicherte Matrix-Datei. Stellen Sie *Verzerrung* und *Glättung* ein (hier 20/10 bei 950 Pixel Bildbreite). Ist das Ergebnis nicht befriedigend, müssen Sie widerrufen und andere Einstellungen testen.

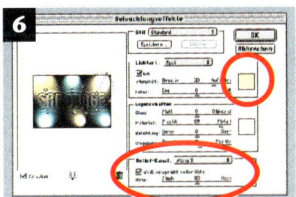

6. Legen Sie eine neue weiß gefüllte Ebene über der Bildebene an. Rufen Sie den *Filter* ➤ *Renderingfilter* ➤ *Beleuchtungseffekte* auf und wählen Sie dort als Reliefkanal *Alpha 3* mit aktivierter Option *Weiß entspricht voller Höhe* aus. Richten Sie mehrere farblich zum Reflexionsmotiv passende Strahler auf die Motivkanten.

7. Zur Verstärkung der Lichtreflexe können Sie nun noch den *Filter* ➤ *Kunstfilter* ➤ *Kunststoffverpackung* anwenden.

8. Ändern Sie den Ebenenmodus für diese Ebene in *Ineinanderkopieren*.

9. Nun müssen die Elemente der beiden Ebenen (Reflexions- und Reliefebene) noch freigestellt werden. Laden Sie dazu bei aktiver Reliefebene die Auswahl von *Alpha 1*, kehren Sie die Auswahl um (⌘⇧ I) und löschen Sie (⟨X⟩). Aktivieren Sie bei aktiver Auswahl die Reflexionsebene und löschen Sie auch hier. Heben Sie die Auswahl auf (⌘D).

10. Fügen Sie über *Ebene* ➤ *Ebeneneffekte* einen *Schlagschatten* hinzu.

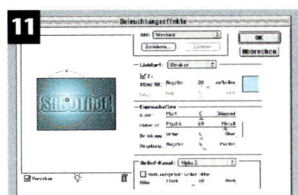

11. Für die Gestaltung des Hintergrundes empfiehlt sich ein nochmaliger Einsatz des *Beleuchtungseffekte-Filters*, allerdings nur mit einer oder zwei Lichtquellen (*Lichtart: Strahler*). Schalten Sie die Option *Weiß entspricht voller Höhe* aus.

12. Weitere Variationen: Blenden Sie die Reflexionsebene aus und stellen Sie als Modus für die Reliefebene *Hartes Licht* ein.

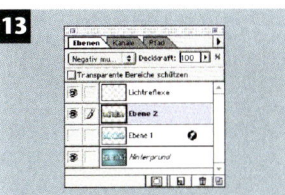

13. Auch in diesem Beispiel wurde die Reflexionsebene ausgeblendet. Als Modus für die Reliefebene wurde *Negativ multiplizieren* ausgewählt.

14. Natürlich kann auch der Hintergrund selbst ein anderer sein – hier z. B. ein mehrfarbiger Verlauf.

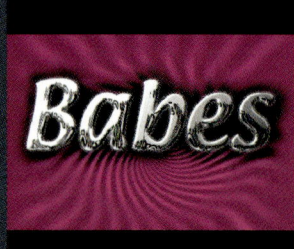

Chromeffekte mit dem Basrelief- und Chrom-Filter

Eine andere Möglichkeit, Chromeffekte zu erzeugen, bietet die Kombination von Basrelief- und Chrom-Filter.

1

1. Erzeugen Sie einen schwarzen Text. In Photoshop 5 rendern Sie den Text (*Ebene → Text rendern*). Duplizieren Sie die Textebene.

2

2. Wenden Sie auf der Original-Textebene den *Filter → Zeichenfilter → Basrelief* an. Achten Sie darauf, dass dabei die Standardfarben (Schwarz / Weiß; D) eingestellt sind.

© Entwurf und Bildbearbeitung:
Christine Berkenhoff

3

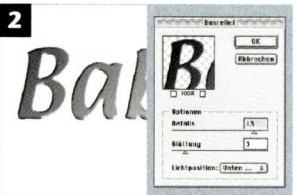

3. Das Textduplikat behandeln Sie mit dem *Filter → Zeichenfilter → Chrom*. Hier empfiehlt es sich, mit unterschiedlichen Graustufen als Vordergrundfarbe zu experimentieren.

4

4. Stellen Sie als Ebenenmodus für die mit dem Chromfilter behandelte Ebene *Ineinanderkopieren* ein. Füllen Sie den Hintergrund mit einer Farbe.

5

5. Als Hintergrundstruktur wurde eine Grafik aus Freehand verwendet. Die Grafik wurde geöffnet, in einem Alphakanal platziert und dann mit den

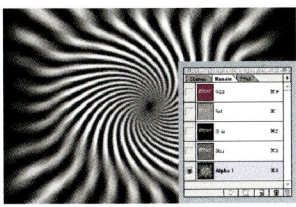

Filtern *Weichzeichnungsfilter → Radialer Weichzeichner* (strahlenförmig) und dem *Verzerrungsfilter → Strudel* bearbeitet.

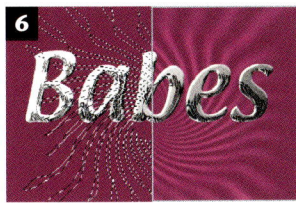

6. Laden Sie die Auswahl von Alpha 1 auf die Hintergrundebene und erhöhen Sie die Helligkeit (*Bild → Einstellen → Helligkeit/ Kontrast*) – blenden Sie ggf. die Auswahl aus (⌘ H).

7. Für den Schatten laden Sie auf einer neuen Ebene die *Transparenzmaske* einer Textebene. Weiten Sie die Auswahl etwas aus (*Auswahl verändern → Ausweiten...*) und füllen Sie schwarz.

So wurde die Datei in Photoshop vorbereitet und dann im TIFF-Format (*.tif) abgespeichert.

8. Heben Sie die Auswahl auf und wenden Sie den *Weichzeichnungsfilter → Gaußscher Weichzeichner* an. Erstellen Sie aus Alpha 1 eine separate Datei und speichern Sie im Photoshop-Format (*.psd) ab. Wenden Sie den *Verzerrungsfilter → Versetzen* an und laden Sie dabei als Struktur die zuvor gespeicherte psd-Datei.

Komplettiert wurde die Arbeit in Freehand

© Entwurf und Bildbearbeitung: Christine Berkenhoff

9. Auf einem weiteren (weiß gefüllten) Duplikat der Textebene wurden der *Gaußsche Weichzeichner* und der *Stilisierungsfilter → Korneffekt* angewendet.

Körnungseffekt

Ein Körnungseffekt kann auf traditionelle Weise erzeugt werden, indem man ein Foto mehrfach kopiert, wobei immer von der jeweils letzten Kopie ausgegangen wird. In Photoshop lässt sich einfacher ein ähnlicher Effekt erzeugen. Beachten Sie, dass die unterschiedlichen Auswirkungen bei verschiedenen Bildauflösungen erheblich sind (siehe Übersicht auf der rechten Seite). Auch hier sollte das bearbeitete Material nach der Effektbehandlung nicht mehr in seiner Größe oder Auflösung verändert werden.

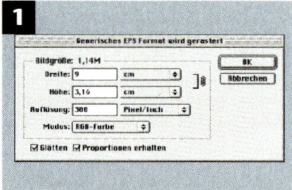

1. Erzeugen Sie eine Illustration oder Text ggf. in einem Grafikprogramm. Öffnen Sie die EPS-Datei in Photoshop und geben Sie die gewünschte Auflösung ein. Die Grafik erscheint auf einer transparenten Ebene und kann farblich verändert werden. Füllen Sie die Hintergrundebene mit einer Farbe.

2. Wenden Sie auf der Grafikebene den *Filter* ➤ *Stilisierungsfilter* ➤ *Korneffekt...* an. Die Option *Aufhellen* bewirkt ein Zusammenziehen des Effekts, die Option *Abdunkeln* ein Ausbreiten. Je nach gewünschtem Ergebnis kann der Filter auch mehrmals angewendet werden (Abb. links 1-mal *Normal*; rechts 4-mal *Normal*).

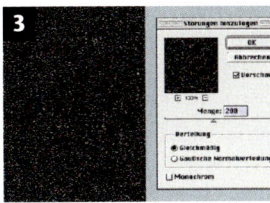

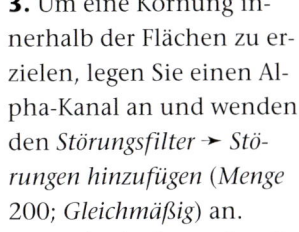

3. Um eine Körnung innerhalb der Flächen zu erzielen, legen Sie einen Alpha-Kanal an und wenden den *Störungsfilter* ➤ *Störungen hinzufügen* (*Menge* 200; *Gleichmäßig*) an.

4. Wechseln Sie in den Gesamtkanal, laden Sie die Auswahl des Alpha-Kanals und füllen Sie sie mit der Hintergrundfarbe (hier Weiß).

Ohne
Korneffekt

1 X
Korneffekt
Normal

2 X
Korneffekt
Normal

3 X
Korneffekt
Abdunkeln

Bildauflösung 72 dpi

5. Fügen Sie beispielsweise einen *Schlagschatten* (Ebeneneffekte) hinzu.

6. Ergänzen Sie ggf. mit weiteren Illustrationen oder Text.

Der Filter kann natürlich auch auf jeden beliebigen Bildbereich angewendet werden (siehe Beispiel auf Seite 85).

Ohne
Korneffekt

1 X
Korneffekt
Normal

2 X
Korneffekt
Normal

3 X
Korneffekt
Abdunkeln

Bildauflösung 300 dpi

87

Mit Photoshop in die dritte Dimension?

Kapitel 7

Photoshop und 3D-Programme

Wirklich überzeugende Dreidimensionalität können nur 3D-Programme erreichen. Dreidimensionale Modelle lassen sich mit Hilfe dieser Programme beliebig modifizieren, im Raum drehen, mit anderen 3D-Objekten zusammen arrangieren; die Perspektive des Betrachters, die Beleuchtung sowie die Material- und Reflexionseigenschaften der 3D-Objekte können beliebig verändert werden. Außerdem können Oberflächentexturen (Texture Maps) und Oberflächenstrukturen (Bump Maps) auf die 3D-Objekte übertragen werden. In Photoshop erstellte Farbbilder können als Texture Maps oder Bump Maps in 3D-Programmen verwendet werden. Aus einer im 3D-Programm erstellten Szene wird durch Rendern ein fotorealistisches Bild erzeugt. Derartige Bilder können auch in Photoshop weiterbearbeitet werden.

In Photoshop hingegen lässt sich der Eindruck räumlicher Tiefe für ein zweidimensionales Bild mit verschiedenen Werkzeugen nur simulieren – und das in bescheidenem Umfang. Hierfür sind in erster Linie die einzelnen Möglichkeiten der *Ebeneneffekte*, der Renderingfilter *Beleuchtungseffekte* in Verbindung mit einem Reliefkanal (siehe Kapitel 6), das *Arbeiten mit Verläufen* (siehe Kapitel 2) sowie die Transformationsbefehle *Neigen, Verzerren* und *Perspektivisch verzerren* geeignet. Runde Formen lassen sich mit dem *Wölben-Filter* (Verzerrungsfilter) gestalten. Für die Korrektur dreidimensionaler geometrischer Formen ist auch der *3D-Transformations-Filter* (Renderingfilter) in sehr beschränktem Maße brauchbar.

✔
Auf dem Markt ist ein Angebot verschiedener Plug-Ins für Photoshop, die dreidimensionale Effekte erzeugen können:
- **3D-Filter der Andromeda Series 2**
- **einige KPT-Filter, z. B. Glaslinse**
- **Filter, die dreidimensionale Schrift erstellen, wie Type-Caster (Xaos Tools) oder Hot Text (Vertigo 3D)**

Andere Programme (z. B. KPT Bryce) verwenden Graustufenbilder (PICTs) aus Photoshop, um daraus dreidimensionale Modelle zu berechnen. Sie interpretieren die Helligkeitsunterschiede im Bild als Distanz zum Betrachter, um daraus Höhenreliefs, die wie künstliche Landschaften anmuten, zu kreieren.

Drahtmodelle (von vorn und oben, zwei isometrische Ansichten), Schwarzweiß-Rendering (ganz unten); Oberflächentexturen (mittlere Spalte) und gerendert auf dem 3D-Modell (rechte Spalte)

Das Logo auf dieser Seite wurde in einem 3D-Programm modelliert (Drahtmodell). Die nächste Stufe ist ein Rendering in Schwarzweiß im 3D-Programm zur Kontrolle der Form und der Ausleuchtung. Die endgültige Oberfläche erhält das Objekt durch das Mapping mit beliebigen zweidimensionalen Oberflächentexturen, die auch in Photoshop erstellt oder bearbeitet sein können.

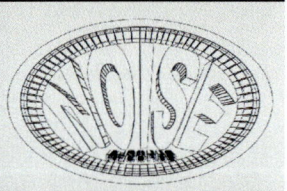

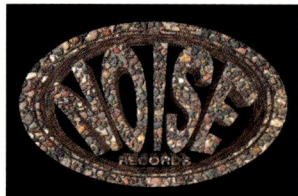

Ein im 3D-Programm gerendertes Bild kann in verschiedenen von Photoshop lesbaren Formaten, z.B. TIF, JPG oder TGA, ausgegeben werden. Das Beispiel auf dieser Seite − ein CD-Cover − zeigt ein solches „3D-Bild", welches in Photoshop geöffnet und weiterbearbeitet wurde. Gescannte und entsprechend vorbereitete Bilder wurden mit Hilfe von Ebenenmasken (s. S. 174) einmontiert.

Bei der Umwandlung eines RGB-Bildes in ein CMYK-Bild (Separation) können sich, obwohl der Verlauf gedithert wurde, Streifen bilden.

Dies kann man nur mit der Anwendung des *Filters ➤ Störungsfilter ➤ Störungen hinzufügen* kaschieren. Wählen Sie eine kleine *Menge, Gleichmäßig* und *Monochrom*. Damit wird praktisch ein zusätzliches Dithering erzeugt, was den reduzierten Farbumfang etwas kaschiert.

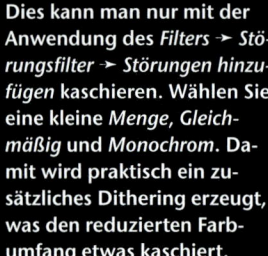

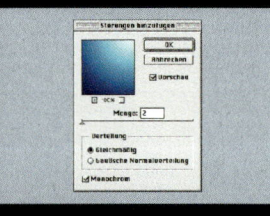

Geometrische Grundkörper – Kugel

Kommen wir zu den etwas weniger spektakulären Möglichkeiten von Photoshop. Wie man Kugeln mit Hilfe von Verläufen herstellt, wurde bereits im Kapitel 2 beschrieben – hier nun die Oberflächengestaltung.

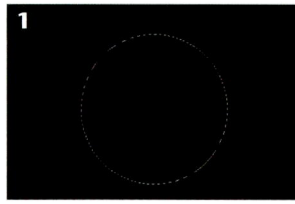

1. Richten Sie in einem neuen RGB-Dokument eine neue Ebene ein. Erstellen Sie eine runde Auswahl. Speichern Sie die Auswahl (*Auswahl ➤ Auswahl speichern = Alpha 1*).

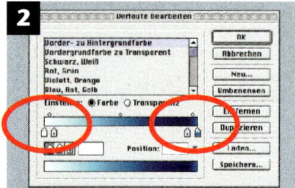

2. Eine realistische Kugeldarstellung hat in ihrem Schattenbereich einen hellen Lichtreflex. Diesen erreicht man, indem man den Verlauf entsprechend bearbeitet. Im dunklen Bereich des Verlaufs wird ein neuer Farbregler mit einer helleren Farbe gesetzt. Zusätzlich kann man einen Glanzpunkt (neuer weißer Farbregler im hellen Bereich) erzeugen.

3. Möchten Sie nun die Kugel mit einer Textur versehen, kopieren Sie eine geeignete Ebene in das Bild. Ich habe hier ein transparentes Muster angelegt (ähnlich wie auf S. 40).

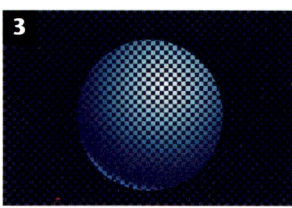

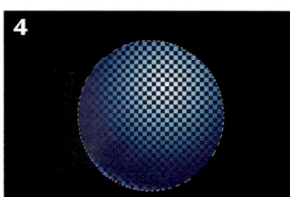

4. Laden Sie die Auswahl *Alpha 1*, kehren Sie sie um und löschen Sie. Kehren Sie die Auswahl nochmals um.

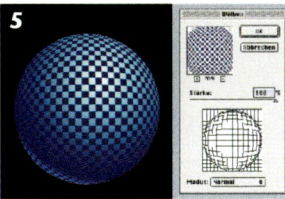

5. Wenden Sie nun auf diese Auswahl den *Filter → Verzerrungsfilter → Wölben an*. Der Wölben-Filter wölbt ausgehend von der Mitte der Auswahl bzw. von der Mitte der Ebene.

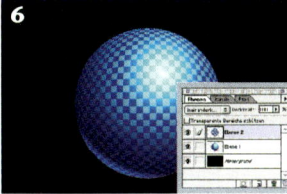

6. Um die Textur der Kugelform anzupassen, stellen Sie als Modus für die Ebene *Ineinanderkopieren* oder je nach Motiv *Weiches Licht*, *Hartes Licht* oder *Multiplizieren* ein.

7. Zu einer überzeugenden räumlichen Wirkung gehört auch ein Schatten, den das Objekt wirft. Füllen Sie zunächst den Hintergrund mit einem linearen Verlauf.

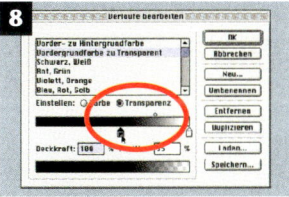

8. Laden Sie nun *Alpha 1* auf einer neuen Ebene und füllen Sie mit einem kreisförmigen Verlauf *Vordergrundfarbe* (Schwarz) *zu Transparent,* für den Sie zuvor die Transparenz wie links abgebildet verändern.

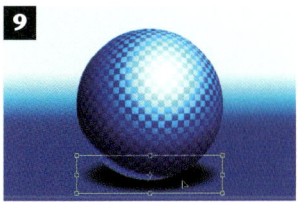

9. Skalieren (*Bearbeiten → Transformieren*) Sie den runden Schattenverlauf nun unproportional und bewegen Sie ihn an die gewünschte Position.

10. In diesem Beispiel wurde statt des Musters ein Bildmotiv als Textur verwendet. Ziehen Sie eine entsprechende Bild-ebene in die Datei.

11. Diese Bildebene soll in der Ebenen-Palette ganz oben liegen. Probieren Sie, welcher Ebenenmodus sich am besten für die Vor-lage eignet – ich habe hier *Hartes Licht* verwendet.

12. Laden Sie wieder die Auswahl *Alpha 1* und wen-den Sie den *Wölben*-Filter wie in Schritt 5 an.

13. Kehren Sie die Aus-wahl um und löschen Sie.

14. Für den Lichtreflex unterhalb der Kugel dupli-zieren Sie die Bildebene. Skalieren Sie unpropor-tional und schieben Sie den Ebeneninhalt etwa deckungsgleich über den Schatten.

15. Wenden Sie auf die Lichtreflex-Ebene den *Gaußschen Weichzeichner* an. Positionieren Sie die Ebene direkt über der Schattenebene.

Ein Ei, man glaubt es kaum

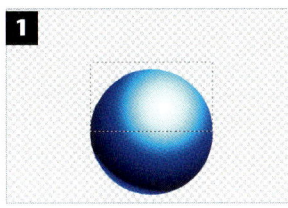

1. Aus einer einmal erstellten Kugel lässt sich mühelos eine Eiform entwickeln. Wählen Sie die obere Hälfte mit dem *Auswahlrechteck* aus.

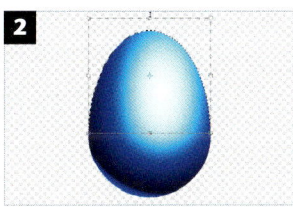

2. Skalieren (*Bearbeiten* ➤ *Transformieren*) Sie unproportional nach oben. Wenn das Ei nach oben spitzer zulaufen soll, verzerren Sie noch ein wenig perspektivisch.

3. Kolorieren Sie das Ei (*Bild* ➤ *Einstellen* ➤ *Farbton/Sättigung* ➤ *Kolorieren* bzw. *Färben*). Geben Sie etwas Struktur über den *Filter* ➤ *Strukturierungsfilter* ➤ *Körnung (Weich)*.

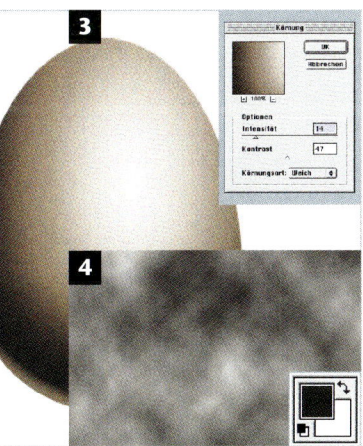

4. Richten Sie eine neue Ebene ein. Stellen Sie Vorder- (dunkle Farbe aus dem Ei) und Hintergrundfarbe (Weiß) ein. Wenden Sie den *Filter* ➤ *Renderingfilter* ➤ *Wolken* an.

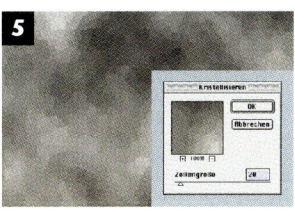

5. Aus der bewölkten Ebene entwickeln Sie nun mit Hilfe des *Vergröberungsfilters* ➤ *Kristallisieren* die Risse (hier *Zellengröße* 20 bei 590 Pixel Bildbreite).

Frei transformieren Kurzbefehle (⌘T)

• **Bewegen:**
Zeiger innerhalb des Rechtecks platzieren (▶)

• **Skalieren:**
Zeiger über einem Anfasser platzieren (↖) (proportional mit ⇧)

• **Drehen:**
Zeiger außerhalb des Rechtecks in der Nähe eines Eckanfassers platzieren (↵) (in 15°-Winkel-Schritten mit ⇧)

• **Neigen:**
Zeiger mit ⌘ ⇧ über einem seitlichen Anfasser platzieren (▷)

• **Verzerren:**
Zeiger mit ⌘ über einem Eckanfasser platzieren (▷)

• **Perspektivisch verzerren:**
Zeiger mit ⌘ ⇧ ⌥ über einem Eckanfasser (▷) platzieren

• **Widerrufen:** ⌘ Z

• **Bestätigen der Transformation(en):** ↵

• **Abbrechen des Befehls:** esc

6. Durch den *Stilisierungs-filter* ➤ *Konturen finden* werden die Kanten der Kristalle hervorgehoben.

7. Stellen Sie als Modus für die Risse-Ebene *Multi-plizieren* ein. Damit werden die Risse in die Ei-Oberfläche eingerechnet – weiße Pixel haben keine Auswirkung (s. S. 72).

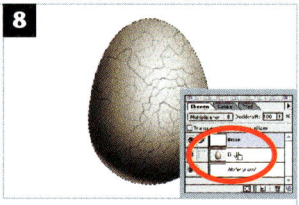

8. Entfernen Sie nun die Risse außerhalb der Eiform: Laden Sie die *Transparenz-maske* der Ei-Ebene, kehren Sie die Auswahl um, lö-schen Sie und kehren Sie die Auswahl nochmals um. Möchten Sie die Risse nur partiell, richten Sie eine Ebenenmaske (🔲) ein und malen mit dem Pinsel (mit schwarzer Farbe) über die Bereiche, die ausgeblendet werden sollen.

9. Bei noch aktiver Aus-wahl geben Sie den Rissen eine leichte Wölbung (*Stärke 50%*) mit dem *Ver-zerrungsfilter* ➤ *Wölben*.

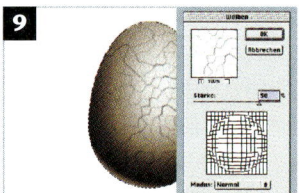

10. Korrigieren Sie die entstandene Unschärfe mit dem *Filter* ➤ *Scharf-zeichnungsfilter* ➤ *Unscharf maskieren* nach Sicht. He-ben Sie die Auswahl auf.

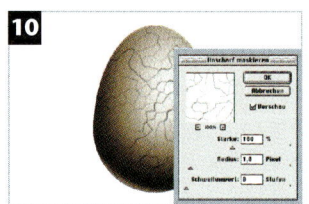

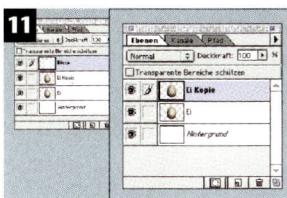

11. Duplizieren Sie die Ei-Ebene. Reduzieren Sie die Risse-Ebene mit der Ei-Kopie-Ebene auf eine Ebene.

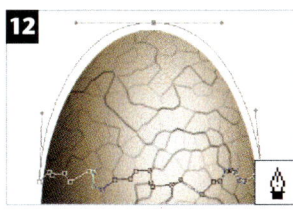

12. Um das Ei in zwei Hälften zu teilen, zeichnen Sie einen Pfad (*Zeichenfeder-Werkzeug*) über der oberen Hälfte. Orientieren Sie sich für die Bruchkante an den Rissen.

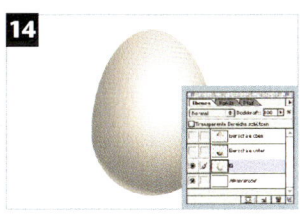

13. Blenden Sie die Ei-Ebene zeitweilig aus. Laden Sie den Pfad als Auswahl (*Pfade-Palette*). Erstellen Sie aus dieser Auswahl eine neue Ebene (*Ebene ➤ Neu ➤ Ebene durch Ausschneiden*). Verschieben Sie die Ebene mit dem Bewegen-Werkzeug nach oben. Blenden Sie nun die beiden Ebenen mit den Eierschalenhälften aus.

14. Aktivieren Sie die Ei-Ebene. Reduzieren Sie die *Sättigung* und erhöhen Sie die *Helligkeit* im Dialog *Bild ➤ Einstellen ➤ Farbton/Sättigung*.

15. Verkleinern Sie das Ei ein wenig, sodass es in die Schale passt (*Bearbeiten ➤ Transformieren ➤ Skalieren* oder ⌘T).

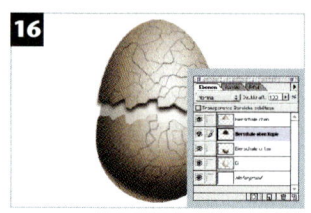

16. Für einen Schatten der oberen Eierschale duplizieren Sie die Ebene, füllen die deckenden Pixel mit einer dunklen Farbe und zeichnen weich.

17. Um den Schattenwurf auf das Ei zu begrenzen, laden Sie die Transparenzmaske der Ei-Ebene. Klicken Sie bei aktiver Auswahl auf den Schalter *Ebenenmaske* (⬚).

18. Erzeugen Sie einen Schatten für das gesamte Ei wie unter „Geometrische Grundkörper – Kugel" Schritt 8 beschrieben. Gehen Sie dabei von einer runden Auswahl aus.

19. Ergänzen Sie die Einsichten in das Innere der Schalen mit dem *Pinsel*. Retuschieren Sie ggf. die Bruchkanten mit dem *Radiergummi*.

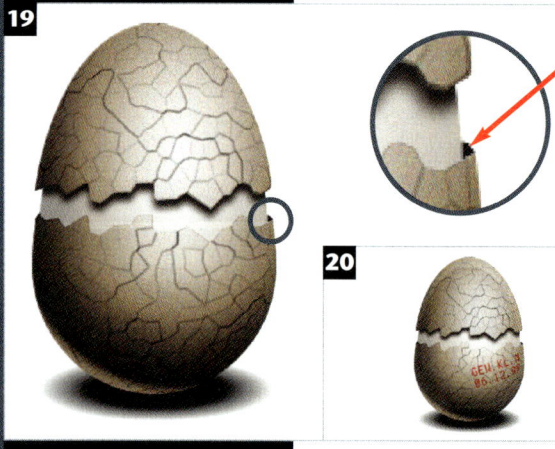

20. Hier ist noch Schrift angebracht, die ebenfalls mit dem *Wölben*-Filter behandelt und mit dem Ebenenmodus *Multiplizieren* in das Bild einkopiert wurde.

Geometrische Grundkörper – Kegel

Etwas umständlicher, aber mit einem akzeptablen
Ergebnis können Sie nach folgender Anleitung einen
Kegel produzieren.

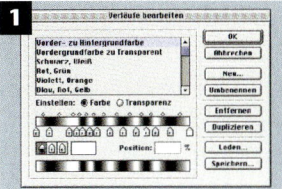

1. Legen Sie ein neues
RGB-Dokument an. Bearbeiten Sie einen Verlauf
etwa wie links abgebildet.

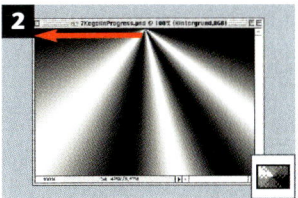

2. Ziehen Sie an der Oberkante des Bildes von der
Mitte aus (Hilfslinie) einen *Eckigen Verlauf* nach
links auf.

3. Wählen Sie eine dreieckige Form mit dem *Polygonlasso* aus (Hilfslinien
oder Raster verwenden).

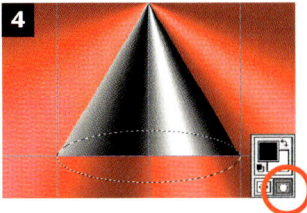

4. Wechseln Sie in den
Maskierungsmodus. Ziehen Sie mit dem Auswahloval eine ovale Kreisform
auf und füllen Sie diese
mit weißer Farbe.

5. Wechseln Sie in den
Standardmodus zurück.

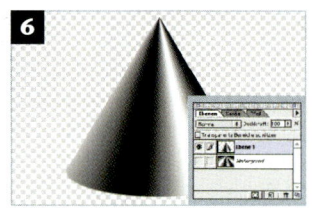

6. Erstellen Sie aus der Auswahl eine neue Ebene (*Ebene ➤ Neu ➤ Ebene durch Kopieren* ⌘ J). Bewegen Sie die Ebene vom Rand weg. Blenden Sie die Hintergrundebene aus.

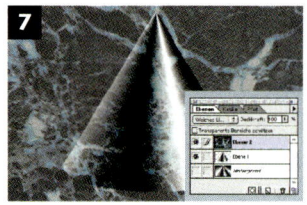

7. Ziehen Sie ein geeignetes Bild für die Oberfläche in die Datei. Stellen Sie als Ebenenmodus *Weiches Licht, Hartes Licht* oder *Ineinanderkopieren* ein.

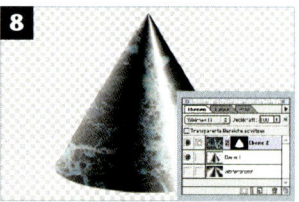

8. Laden Sie die *Transparenzmaske* der Kegel-Ebene und klicken Sie bei aktiver Auswahl auf das Ebenenmaskensymbol der Ebene, die die Oberflächenstruktur enthält.

9. Erstellen Sie für die Kegel-Ebene mit Hilfe der *Ebeneneffekte* einen *Schlagschatten* (*Winkel* 90°, *Distanz* 2 Pixel, *Weichzeichnen* 5 Pixel bei 470 Pixel Bildbreite).

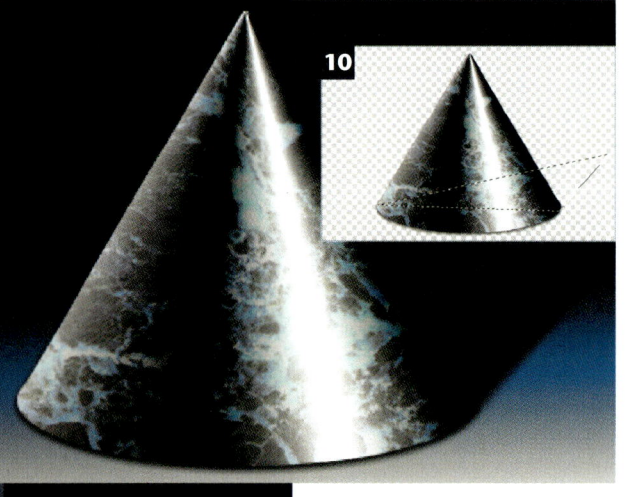

10. Ergänzen Sie auf einer neuen Ebene einen Schlagschatten: Zeichnen Sie mit dem *Polygonlasso* ein verzerrtes Dreieck, füllen Sie es schwarz und stellen Sie als Ebenenmodus *Multiplizieren* und *Deckkraft* 75 % ein. Heben Sie die Auswahl auf und wenden Sie den *Gaußschen Weichzeichner* an (5 Pixel). Erzeugen Sie einen passenden Hintergrund.

Geometrische Grundkörper – Quader

Auch die Konstruktion eines Quaders in Photoshop ist relativ mühsam – sie läßt sich aber bei der Lösung dementsprechender Aufgaben nicht vermeiden. Sie sollten sich auf jeden Fall in den Regeln der Perspektive auskennen bzw. zuvor informieren. Zur Hilfestellung bei der Konstruktion ist meist eine einfache Fluchtpunkt-Perspektive geeignet. Gehen Sie so vor: Erzeugen Sie auf einer separaten Ebene mit dem Linienzeichner eine Horizontlinie und markieren Sie darauf zwei Fluchtpunkte. Ziehen Sie von Fluchtpunkt 1 und 2 je zwei Linien

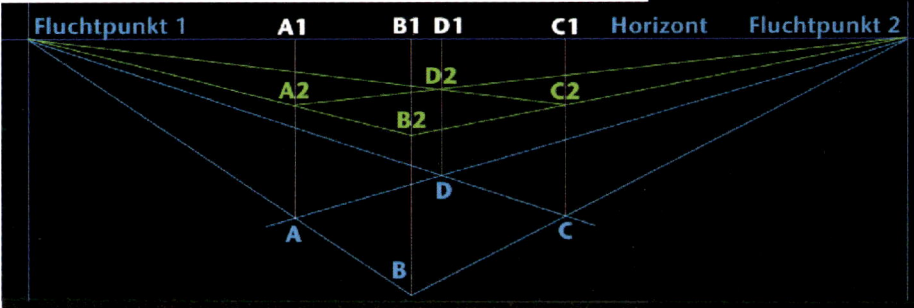

(blau), welche die Quaderkanten festlegen. Loten Sie dann von den Schnittpunkten A, B, C und D senkrecht nach oben auf der Horizontlinie die Punkte A1, B1, C1 und D1. Legen Sie am Lot B/B1 die gewünschte Höhe des Quaders fest und fluchten Sie zu beiden Fluchtpunkten (grün). Fluchten Sie dann von den entstandenen Schnittpunkten A2 und C2 ebenfalls zu beiden Fluchtpunkten (grün), womit D2 entsteht. Fertig ist der Hilfsrahmen für den Quader.

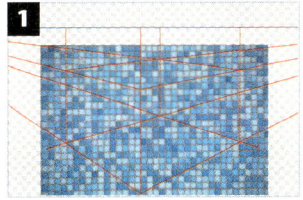

1. Färben Sie die Hilfslinien ggf. um, damit sie besser sichtbar sind. Ziehen Sie ein Bild, welches die Quaderflächen bilden soll, ins Dokument.

✔
Wesentlich einfacher kann die Geometrie von dreidimensionalen Körpern mit einem einfachen 3D-Programm, z. B. *Adobe Dimension*, vorbereitet werden (die Weiterentwicklung des Programms wurde leider eingestellt).

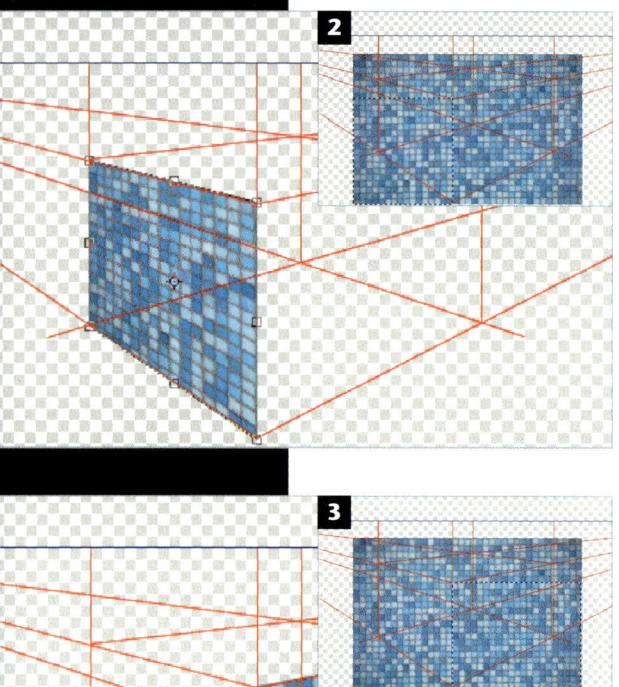

2. Wählen Sie auf dieser Ebene eine angemessen große Fläche aus. Erstellen Sie aus dieser Auswahl eine neue Ebene durch Kopieren (*Ebene → Neu → Ebene durch Kopieren,* ⌘J) und blenden Sie die Ebene mit dem Bild aus. Transformieren (⌘T) Sie nun die Eckpunkte der Fläche (Anfasser mit gedrückter Befehlstaste, ⌘) an die Eckpunkte des Quaders.

3. Blenden Sie die Ebene mit dem Bild wieder ein und wählen Sie die nächste Quaderfläche aus. Erstellen Sie aus dieser Auswahl wieder eine neue *Ebene durch Kopieren.* Transformieren Sie wie im vorangegangenen Schritt.

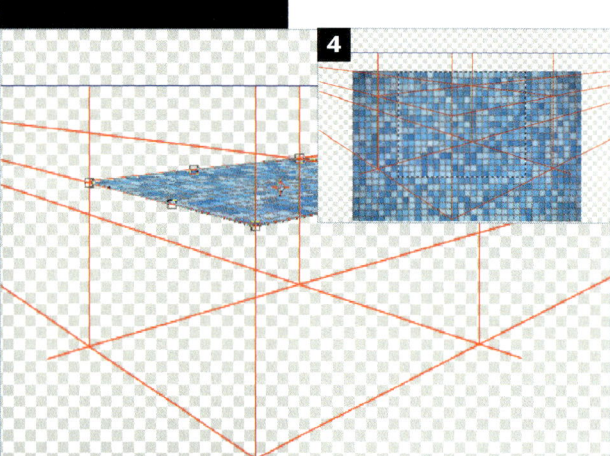

4. Gehen Sie für die nächste Fläche wie in Schritt 2 und 3 vor. Blenden Sie alle Ebenen mit den Quaderflächen ein und die übrigen Ebenen aus.

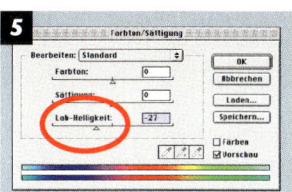

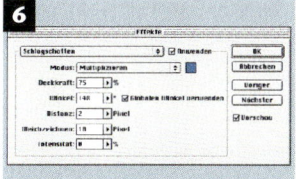

5. Zur Verstärkung der räumlichen Wirkung dunkeln Sie nun mit Hilfe des *Farbton/Sättigung*-Dialoges (*Bild → Einstellen*) die einzelnen Quaderflächen ab bzw. hellen sie auf. Legen Sie beispielsweise einen Verlauf im Hintergrund an.

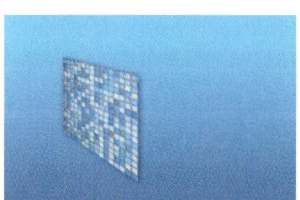

6. Die Kanten der einzelnen Quaderflächen kann man mit einem *Schlagschatten* (*Ebeneneffekte*) betonen. Ich habe ein Blau aus dem Bild, den Modus *Multiplizieren,* des Weiteren eine geringe Distanz und eine relativ starke Weichzeichnung gewählt. Zusätzlich kann die Deckkraft abgeschwächt werden.

7. Zur Vervollständigung fehlen nun noch ein oder mehrere Schatten. Diese können ebenfalls perspektivisch konstruiert oder nach Gefühl erzeugt werden.

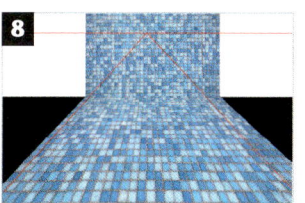

8. Auf ähnliche Weise lassen sich Räume mit Hilfe der Zentralperspektive (nur ein Fluchtpunkt) konstruieren.

✔

Für eine Konstruktion in Zentralperspektive muss ggf. vorübergehend die Arbeitsfläche des Bildes (*Bild → Arbeitsfläche...*) vergrößert werden.

Bild in einen Quader einkopieren

Angeregt durch die Tektronix-Anzeigen möchte ich eine mögliche Umsetzungsvariante vorstellen. Für eine solche Aufgabenstellung muss man die Perspektive ausgehend von dem betreffenden Objekt konstruieren.

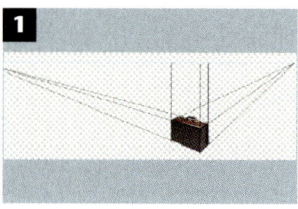

1. Als Erstes fluchtet man auf einer neuen Ebene die Kanten des geometrischen Grundkörpers – in diesem Fall des Koffers (das Objekt sollte vorher schon freigestellt sein). Die Horizontlinie dient hierbei zur Kontrolle. Die Linien (auch die Horizontlinie) werden so lange korrigiert, bis sie sich treffen und so die zwei Fluchtpunkte bilden.

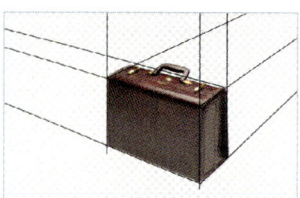

2. Im folgenden Arbeitsschritt ziehen Sie das einzukopierende Motiv ins Bild. Stellen Sie für diese Ebene als Ebenenmodus *Ineinanderkopieren, Weiches* oder *Hartes Licht* ein.

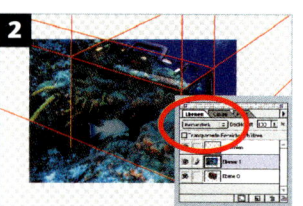

3. Wählen Sie auf dieser Ebene eine angemessen große Fläche aus. Erstellen Sie aus dieser Auswahl eine neue Ebene durch Kopieren (*Ebene ➔ Neu ➔ Ebene durch Kopieren*, ⌘J) und blenden Sie die Ebene mit dem Bild aus. Transformieren (⌘T) Sie die Eckpunkte der Fläche an die Eckpunkte des Hilfslinien-Quaders.

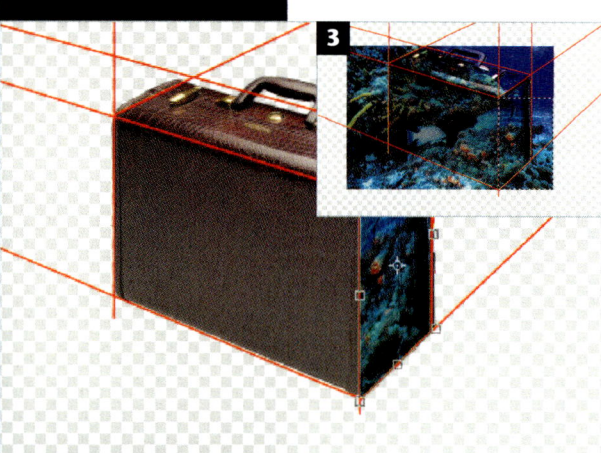

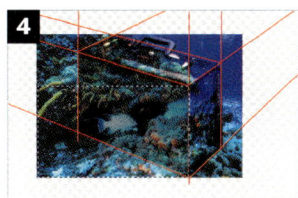

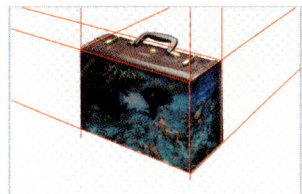

4./5. Blenden Sie die Ebene mit dem Bild wieder ein und wählen Sie die nächste Quaderfläche aus. Erstellen Sie aus dieser Auswahl wieder eine neue *Ebene durch Kopieren.* Transformieren Sie wie in Schritt 3. Blenden Sie dann alle Ebenen mit den Quaderflächen ein und die übrigen Ebenen aus.

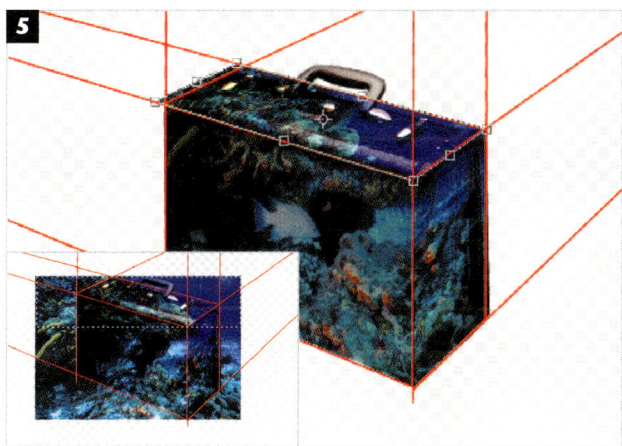

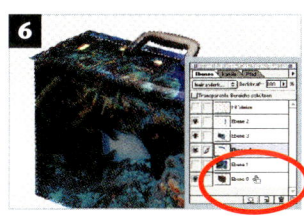

6. Um die Quaderflächen exakt auf die Kofferform zu begrenzen, laden Sie bei aktiver Quaderfläche die *Transparenzmaske* (✋) der Koffer-Ebene (s.S. 25).

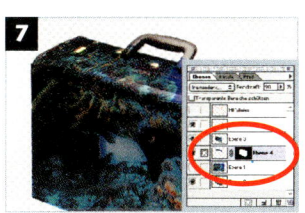

7. Klicken Sie bei aktiver Auswahl auf das Ebenen-masken-Symbol (▣) einer Quaderflächen-Ebene. Es entsteht eine Ebenen-maske.

8. Wiederholen Sie die Schritte 6 und 7 für die beiden anderen Quaderflächen-Ebenen.

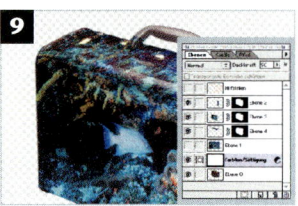

9. Zum Aufhellen des Objekts legen Sie über der Kofferebene am besten eine *Einstellungsebene* ➤ *Farbton/Sättigung* an und erhöhen die LAB-Helligkeit.

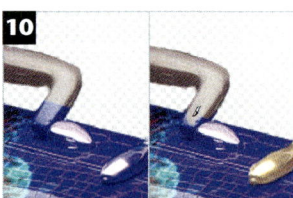

10. In der Ebenenmaske der obersten Quaderfläche legen Sie noch den Griff und die Beschläge frei.

11. In der Einstellungsebene maskieren Sie ebenfalls den Griff und die Beschläge, da diese von der allgemeinen Aufhellung des Koffers nicht betroffen sein sollen.

12. Retuschieren Sie einige zu hart geratene Kanten der Quaderflächen mit dem *Weichzeichner* (‹∧›). Vervollständigen Sie das Motiv mit einem passenden Hintergrund und Schatten.

create magic

colour printers by tektronix
www.tek.com or call 0870 241 3245

Plastische Rahmeneffekte

Ebeneneffekte (*Abgeflachte Kante und Relief* sowie *Schlag-schatten*) können z.B. auch für Rahmen verwendet werden, die mit Ebenenmasken erzeugt wurden (s.S. 33). Der Effekt erscheint entlang der Maskierungskanten.

Die Abbildungen zeigen jeweils die Ebenenmaske, deren Auswirkung auf das Bild und den Ebeneneffffekt

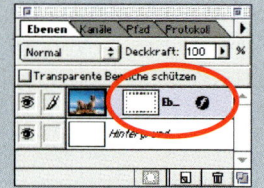
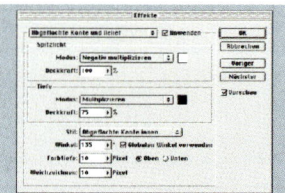

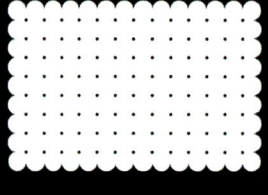

Plastizität mit Reliefkanälen im Beleuchtungseffekte-Filter

Einfach und wirkungsvoll lässt sich Plastizität mit Hilfe des Beleuchtungseffekte-Filters in Kombination mit „Reliefkanälen" – dies sind entsprechende Alpha-Kanäle – erzeugen. Das grundlegende Prinzip besteht darin, dass *weiße* Bereiche innerhalb der Alpha-Kanäle eine *maximale Erhebung* bewirken, graue Bereiche eine teilweise Erhebung und schwarze Bereiche unverändert bleiben. Demzufolge entstehen durch harte Kanten in den Alpha-Kanälen abrupte Erhebungen, durch weiche Übergange sanfte Erhebungen. Diese Auswirkung kann mit der Option *Weiß entspricht voller Höhe* im Beleuchtungsfilter-Dialog umgekehrt werden: weiße Bereiche bewirken in diesem Falle eine maximale Vertiefung.

Hier soll am Beispiel eines Bildrahmens die Arbeitsweise demonstriert werden. Das Rahmenprofil kann wahlweise in einem einzigen Alpha-Kanal angelegt werden (hierbei wird nur einmal gefiltert) oder aber in mehreren Alpha-Kanälen mit jeweils einer separaten Filterung.

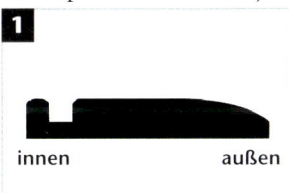

innen   außen

1. Sinnvoll ist es, sich das gewünschte Leistenprofil vorher zu skizzieren.

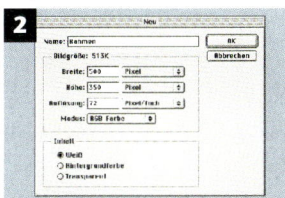

2. Legen Sie eine neue Datei in einer *geraden* Pixelanzahl an (hier 500 × 350) – dies ist für die spätere Anfertigung der Gehrungsschnitte wichtig.

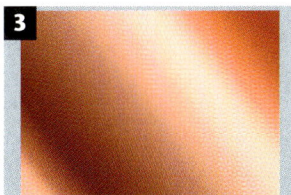

3. Erzeugen Sie auf einer neuen Ebene einen diagonalen Verlauf, z. B. *Kupfer*. Die Farbigkeit kann später beliebig verändert werden.

109

✔

In der Photoshop-Standardeinstellung erscheint ein neuer Kanal immer schwarz gefüllt. Sollte dies bei Ihnen nicht so sein, können Sie über Doppelklick auf den Alpha-Kanal die Kanal-Optionen öffnen und die Einstellungen ändern. Die Optionen bei *Farbe kennzeichnet* kehren die *Darstellung* des Alpha-Kanals um: dies hat keine Auswirkung auf die aus dem Kanal resultierende Auswahl, sondern nur auf seine Darstellung.

• *Maskierte Bereiche*: Standardmäßig stellt schwarze Farbe im Kanal (bzw. rote Maskenfarbe) die *nicht* ausgewählten Bereiche dar.

• *Ausgewählte Bereiche*: Schwarze Farbe (bzw. rote Maskenfarbe) stellt die ausgewählten Bereiche dar.

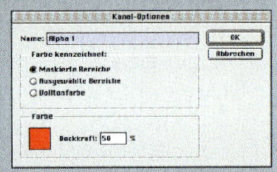

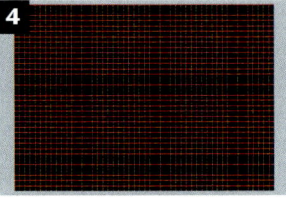

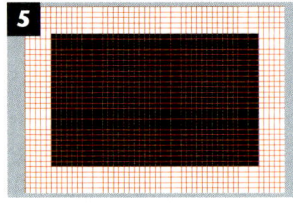

4. Wechseln Sie in die Kanäle-Palette, um den Reliefkanal vorzubereiten. Legen Sie einen neuen Kanal an (*Alpha 1*). Richten Sie ein Raster in einer *geraden* Pixelanzahl ein (z. B. 10).

5. Für die Rahmen-Grundform wählen Sie alles aus (⌘A) und ziehen dann bei gedrückter Wahltaste (⌥) die innere Begrenzung des Rahmens auf. Arbeiten Sie ständig am Raster! Füllen Sie diese Auswahl weiß und heben Sie die Auswahl auf (⌘D). Duplizieren Sie *Alpha 1* (wird *Alpha 2*). In *Alpha 2* wählen Sie für die Abflachung am äußeren Rand erneut alles aus und ziehen dann bei gedrückter Wahltaste eine etwas kleinere Auswahl ab. Füllen Sie die Auswahl schwarz und heben Sie die Auswahl auf.

6. Im nächsten Schritt soll die sanfte Abflachung nach außen hin erzeugt werden. Laden Sie die Auswahl von *Alpha1* und wenden Sie darauf den *Filter* ➤ *Weichzeichnungsfilter* ➤ *Gaußscher Weichzeichner* (hier 7 Pixel) an. Durch die Auswahl wird die Weichzeichnung auf den äußeren Rand begrenzt. Heben Sie die Auswahl auf.

7. Ziehen Sie nun mit Hilfe des Rasters eine Auswahl am inneren Rand des Rahmens auf. Vergeben Sie eine schwarze Konturfüllung (hier 5 Pixel) nach innen und heben Sie die Auswahl auf. Der Alpha-Kanal ist nun fertig. Je nach gewünschtem Effekt können Anzahl, Breite und Schärfe der einzelnen Profilteile variiert werden.

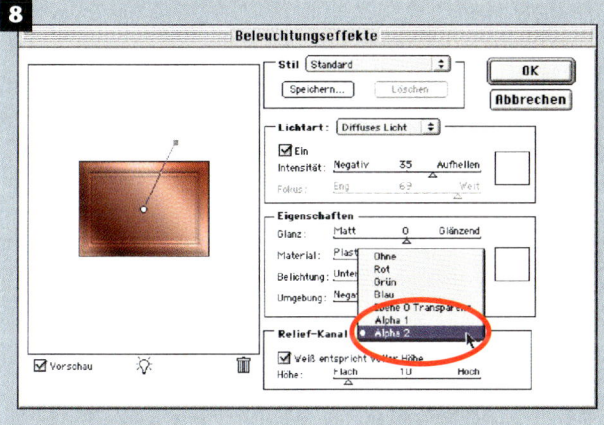

8. Aktivieren Sie nun den Gesamtkanal. Rufen Sie den *Filter* ➤ *Renderingfilter* ➤ *Beleuchtungseffekte* auf. Wählen Sie hier unter *Reliefkanal* den Alpha-Kanal *Alpha 2*. Für den hier gezeigten Effekt verwenden Sie den Stil *Standard*, *Diffuses Licht* (von oben), *Weiß entspricht voller Höhe* eingeschaltet, und eine *Höhe* von 10.

Beleuchtungseffekte-Filter

Der Beleuchtungseffekte-Filter ist nur für Bilder, die im RGB-Modus vorliegen, verfügbar. Es können auch mehrere Lichtquellen zur Ausleuchtung verwendet werden. Durch Klicken auf den weißen Punkt im Vorschaufenster wählen Sie eine Lichtquelle aus. So beziehen sich alle Einstellungen der rechten Seite des Dialoges auf diese Lichtquelle. Je nach *Lichtart* wird eine Lichtquelle unterschiedlich dargestellt. Die Anfasser dienen zur Regulierung der Intensität bzw. der Richtung sowie des Einfallswinkels.
• *Diffuses Licht* strahlt wie die Sonne aus größerer Entfernung, sodass es keinen Abfall des Lichtwinkels gibt und die Position der Lichtquelle keine Rolle spielt. Indem Sie den grauen Anfasser zum weißen Punkt hin- oder von ihm wegziehen, verändern Sie die Intensität des Lichts.
• *Strahler* strahlt gleichmäßig in alle Richtungen und genau von oben auf das Bild, so als würde eine Glühbirne direkt über dem Bild hängen. Ziehen Sie einen der vier Anfasser vom weißen Mittelpunkt weg, vergrößern Sie den Abstand der Lichtquelle vom Bild, das Licht wird schwächer; ziehen Sie einen der Anfasser zum Mittelpunkt hin, wird das Licht intensiver.
• *Spot* wirft einen ellipsenförmigen Lichtkegel mit stark abfallendem Lichtwinkel. Das Ziehen an einem der vier Anfasser bewirkt eine Veränderung der Intensität, der Richtung und des Einfallswinkels des Spots.

9. Laden Sie die Auswahl der Rahmen-Grundform (*Alpha 1*). Kehren Sie die Auswahl um (⌘⇧I) und löschen Sie (⌫). Heben Sie die Auswahl auf.

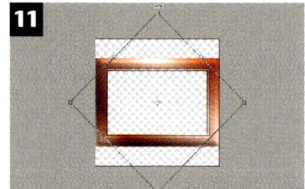

10. Für echte Gehrungsschnitte vergrößern Sie die Arbeitsfläche auf ein Quadrat (*Bild-Menü*) – dies erleichtert die folgenden Arbeitsschritte und garantiert Genauigkeit.

11. Mit den folgenden Auswahlen wird der Rahmen im 45°-Winkel „zersägt". Wählen Sie alles aus (⌘A) und drehen Sie die Auswahl um 45° (*Auswahl → Auswahl transformieren;* mit gedrückter Umschalttaste ⇧). Bestätigen Sie die Transformation mit der Returntaste (⏎).

✔
Gehrungsschnitte bei Bildrahmen haben im Normalfall einen Winkel von 45°. Halten Sie beim Drehen die Umschalttaste gedrückt, lässt sich die Auswahl in 15°-Winkel-Schritten, also auch exakt um 45° drehen (die Kurzbefehle zum Transformieren finden Sie auf S. 95).

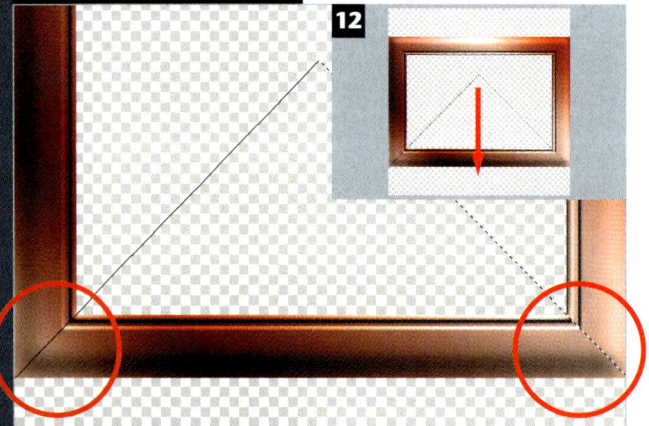

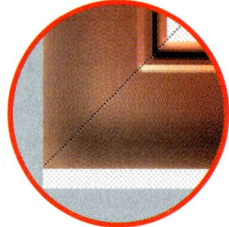

12. Bewegen Sie die Auswahl zunächst nach unten exakt auf die Gehrungen. Zoomen Sie ggf. ein (🔍), um die Genauigkeit zu prüfen.

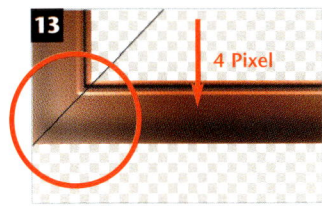

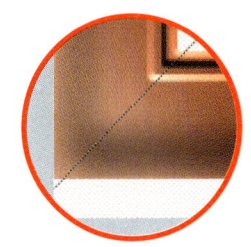

13. Bewegen Sie die Auswahl dann nochmals um eine gerade Pixelanzahl nach unten (↓) (hier 4 Pixel bei 500 Pixel Bildbreite) – der Wert kann je nach Bildgröße, Rahmenbreite und gewünschter Schnittbreite variieren.

✔
Mit den Pfeiltasten der Tastatur kann eine leere Auswahl (bei aktiviertem Auswahl-Werkzeug ⬚) oder ein ausgewählter Bildbereich (bei aktiviertem Bewegen-Werkzeug ➤) in 1-Pixel-Schritten bewegt werden. Halten Sie dabei die Umschalttaste (⇧) gedrückt, wird in 10-Pixel-Schritten bewegt.

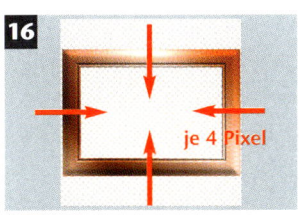

14.–15. Erstellen Sie aus der Auswahl eine neue *Ebene durch Kopieren* (⌘ J). Wechseln Sie auf die Ebene mit dem Gesamtrahmen und verfahren Sie mit den 3 übrigen Rahmenteilen nacheinander ebenso, wobei die Auswahl (nach dem Ausrichten an den Gehrungen) jeweils um ebenfalls 4 Pixel, jedoch immer von der Bildmitte wegbewegt wird.

16. Bewegen Sie dann jede der vier neu entstandenen Rahmenebenen um 4 Pixel in Richtung Bildmitte (Bewegen-Werkzeug und Pfeiltasten).

17. Zur Betonung der Gehrungen können einzelne Leisten nochmals leicht mit *diffusem Licht* beleuchtet werden (*ohne* Reliefkanal!).

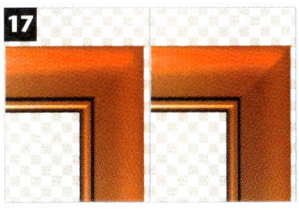

✔
Der fertige Rahmen kann nun noch koloriert werden (*Einstellungsebene* mit *Farbton/Sättigung*) und/oder mit einer Struktur versehen werden (s. nächste Seite). Abschließend werden die vier Rahmenteile auf eine Ebene reduziert und mit einem *Schlagschatten* (*Ebeneneffekte*) vervollständigt.

Mit Struktur versehen

Strukturen lassen sich mit den *Ebenenmodi* (**a**) oder dem Filter *Mit Struktur versehen* (**b**) auf Oberflächen übertragen. (Im Beispiel für Variante **a** befinden sich alle vier Rahmenteile auf separaten Ebenen, im Beispiel für Variante **b** befinden sie sich auf einer Ebene.)

Eine eigene Struktur mit dem Eindruck von gebürstetem Metall bereiten Sie so vor: Legen Sie eine neue Ebene an. Stellen Sie Schwarz und Weiß als Vorder- bzw. Hintergrundfarbe ein. Wenden Sie den *Filter → Renderingfilter → Wolken* an.

Rufen Sie nacheinander den *Filter → Störungsfilter → Störungen hinzufügen* und den *Weichzeichnungsfilter → Bewegungsunschärfe* (oder auch den *Radialen Weichzeichner*) auf. Wenden Sie die Struktur nach einer der beiden rechts beschriebenen Methoden an.

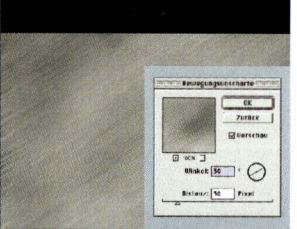

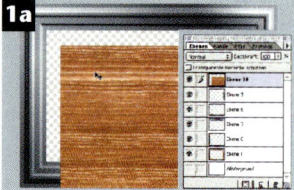

1a. Die einfachere Variante (ohne Reliefeffekt): Ziehen Sie ein Bild, welches als Struktur dienen soll, ins Dokument oder bereiten Sie eine Struktur auf einer neuen Ebene vor.
2a. Wählen Sie als Modus für diese Strukturebene *Ineinanderkopieren, Weiches Licht* oder *Hartes Licht*. Reduzieren Sie ggf. zusätzlich die Deckkraft.

3a. Soll die Struktur zwei verschiedene Laufrichtungen haben, muss die Strukturebene dupliziert und um 90° gedreht werden. Wechseln Sie zurück auf die Originalebene.
4a. Um die Strukturebene auf die Rahmenform(en) zu begrenzen, laden Sie die *Transparenzmaske* des oberen Rahmenteils (🖑) und mit gedrückter Umschalttaste die des unteren (🖑⇧).
5a. Klicken Sie bei aktiver Auswahl auf das Ebenenmasken-Symbol (▣) in der Ebenen-Palette, um die überflüssigen Teile der Struktur auszublenden.

6a. Wiederholen Sie die Schritte 4a und 5a für den linken und rechten Rahmenteil. Reduzieren Sie alle Rahmenebenen. Ergänzen Sie die Ebeneneffekte.

1b. Für die zweite Variante (mit zusätzlichem Reliefeffekt) muss das Bild, welches als Struktur dienen soll, im Photoshop-Format (*.psd) vorliegen. Aktivieren Sie dann die Rahmenebene, auf die Sie die Struktur übertragen wollen. (Ich habe hier eine Bildversion verwendet, bei der sich alle Rahmenteile auf einer Ebene befanden.)

2b. Rufen Sie den *Filter* ➤ *Strukturierungsfilter* ➤ *Mit Struktur versehen* auf. Wählen Sie dort im Untermenü *Struktur laden* und dann im Dialog die Photoshop-Datei aus. Stellen Sie eine zum Motiv passende Lichtposition ein. Die *Skalierung* (Größe der Strukturdatei) passen Sie nach Sicht an. Das Relief sollte nicht zu hoch sein. Für unterschiedliche Laufrichtungen muss die Strukturdatei gedreht, separat abgespeichert und der Filter nochmals damit angewendet werden (Rahmenteile auf separaten Ebenen).

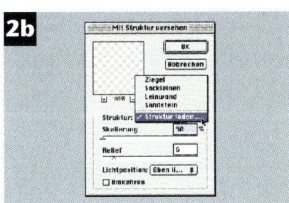

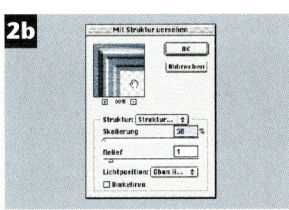

Unten sehen Sie weitere Beispiele jeweils mit den verwendeten Strukturbildern. (Die Herstellung der Risse wird ab Seite 95 vorgestellt.) Das Prinzip lässt sich natürlich nicht nur auf Rahmen wie hier gezeigt, sondern auf jedes Photoshop-Bild anwenden.

115

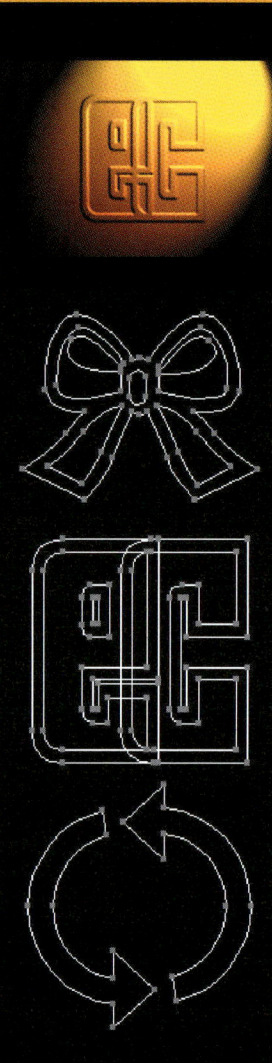

Und nochmal: Beleuchtungseffekte

Die Erzeugung der Relief-Kanäle für den Beleuchtungseffekte-Filter kann bei manchen Aufgabenstellungen
einfacher in einem Vektorprogramm wie Freehand,
Illustrator oder CorelDraw erfolgen.

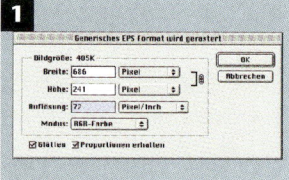

1. Zeichnen Sie die entsprechenden Motive im
Grafikprogramm. Verwen-
den Sie nur schwarze Fül-
lungen. Binnenflächen
sollten nicht weiß, son-
dern gestanzt sein, damit
sie in Photoshop transpa-
rent erscheinen. Exportieren Sie im EPS-Format. In
Photoshop öffnen Sie die
Datei. Im Dialog können
Sie Größe bzw. Auflösung
und Modus verändern.

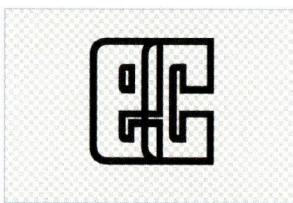

2. Nun muss der Ebeneninhalt in einen Alpha-Ka-
nal kopiert werden. Wäh-
len Sie alles aus (⌘A)
und kopieren Sie (⌘C).
Wechseln Sie in die
Kanäle-Palette. Legen Sie
einen neuen Alpha-Kanal

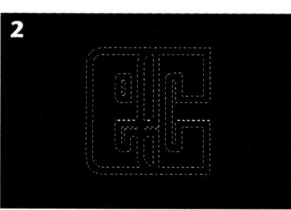

an und fügen Sie den In-
halt der Zwischenablage
dort ein (⌘V). Füllen Sie
bei aktiver Auswahl mit
weißer Farbe.

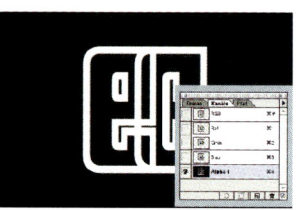

3. Wechseln Sie wieder in
die Ebenen-Palette. Legen
Sie eine neue Ebene an
und löschen Sie die Gra-
fik-Ebene. Erstellen Sie
einen Verlauf.

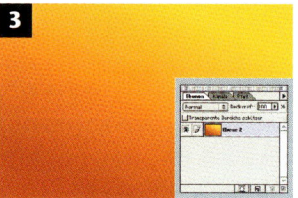

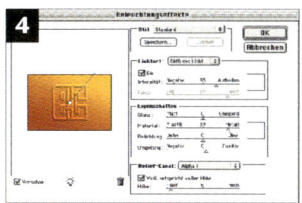

4. Rufen Sie den Beleuchtungseffekte-Filter auf und wählen Sie den Relief-Kanal (Alpha 1). Für eine neutrale Beleuchtung wählen Sie am besten *Diffuses Licht.*

5. Für eine theatralische Beleuchtung ist ein Spot besser geeignet. Außerdem wurde der Alpha-Kanal vor dem Filtern etwas weichgezeichnet (*Gaußscher Weichzeichner*; 1 Pixel).

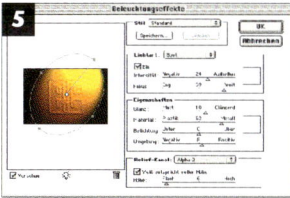

6. Auf die gleiche Art und Weise lassen sich alle möglichen Formen plastisch gestalten. Für zwei Zustände wird die Ebene vor dem Filtern dupliziert. Auf jeder Ebene wird jeweils mit den gleichen Beleuchtungseinstellungen gefiltert – lediglich die Option *Weiß entspricht voller Höhe* ist einmal ein- und einmal ausgeschaltet.

117

✔

**Falls Sie im Besitz des Pro-
gramms _Painter_ der Firma
Meta Creations sind, können
Sie so vorgehen: Exportieren
Sie die Freehand-Datei im
Format _Adobe Illustrator_, öffnen Sie diese in Painter und
speichern Sie dort wiederum
im Format _Photoshop 3_. Öffnen Sie diese Datei nun in
Photoshop, sind die Ebenen
aus Freehand praktisch erhalten bzw. deren Inhalt auf
Photoshop-Ebenen verteilt.**

✔

**Eine Boundingbox markiert
die Größe der exportierten
Datei in Freehand. Die Boundingbox wird als rechtecki-
ges Objekt ohne Linien und
ohne Füllung in der Größe
des größten Objekts ange-
legt und ist deshalb praktisch nur in der _Grobansicht_
sichtbar. Beim Exportieren
einzelner Ebenen dürfen
jeweils nur die gewünschte
Ebene und die Ebene, auf
der sich die Boundingbox
befindet, sichtbar sein – alle
anderen Ebenen müssen ausgeblendet werden.**

Plastisches Bedienelement

Das folgende Beispiel ist ebenfalls weitgehend mit Hilfe
des Beleuchtungseffekte-Filters und Reliefkanälen entstanden. Das Bedienelement aus Photoshop wurde später in eine 3D-Umgebung integriert – deshalb musste es
in ein Standbild eingepasst werden.

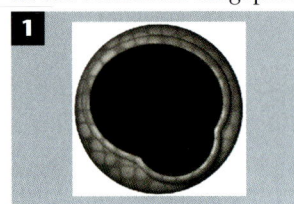

1. Diese 2D-Grafik wurde
von Jan Borchert entwor-
fen. Eine derartige Grafik
bereitet man am besten in
einem Vektor-Zeichenpro-
gramm, z.B. in Freehand,
vor. Importieren Sie ein
Standbild (Still) des 3D-
Elements und platzieren
Sie es auf der Hintergrundebene von Freehand. Le-
gen Sie Ihre Grafik an. Die
Farben spielen zunächst
keine Rolle – wichtig ist
jedoch, dass sich jedes Element, welches später in
Photoshop einzeln bear-
beitet werden soll, auf
einer separaten Ebene
befindet.

2. Löschen Sie die Hintergrundebene mit dem 3D-
Element.

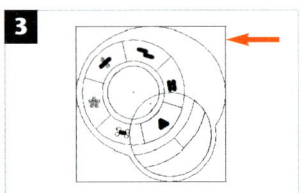

3. Wichtig für das spätere
passgenaue Platzieren der
einzelnen Ebenen ist
außerdem das Anlegen ei-
ner „Boundingbox" (siehe
Marginalspalte).

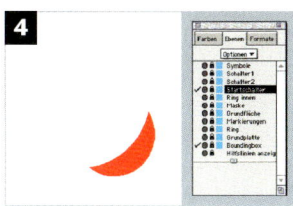

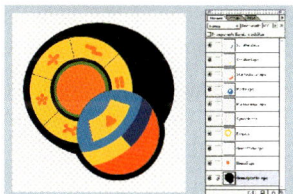

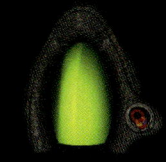

4. Exportieren Sie jede Ebene *einzeln* im Format *Generic EPS*. Dafür dürfen jeweils nur die gewünschte Ebene und die Ebene, auf der sich die Boundingbox befindet, sichtbar sein.

5. Wechseln Sie zu Photoshop. Wählen Sie über *Datei ➤ Öffnen* die erste aus Freehand exportierte Datei. Sie wird auf einer transparenten Ebene platziert

6. Importieren Sie nacheinander alle weiteren Dateien über *Datei ➤ Plazieren...* Bestätigen Sie, ohne die Größe der Box zu verändern, mit der Returntaste (⏎). Damit werden die EPS-Dateien aus Freehand auf jeweils einer Photoshop-Ebene abgelegt. Blenden Sie zunächst alle Ebenen aus.

7. Displayeffekt für die unterste Ebene: Legen Sie eine neue Ebene an. Bereiten Sie eine Musterfüllung vor: Zeichnen Sie mit dem Linienzeichner (*Stärke* 2 Pixel; *ungeglättet*) innerhalb einer kleinen Auswahl Linien. Wählen Sie *Bearbeiten ➤ Muster festlegen*. Löschen Sie und heben Sie die Auswahl auf. Füllen Sie mit dem Muster.

© Jan Borchert

Das „C-Projekt", aus dem die Beispiele auf Seite 88 und diesen Seiten stammen, ist ein interaktives Spiel, welches sich derzeit in der Entwicklung befindet. Der Spieler erwacht ohne Erinnerung in einem Raumschiff. Über die Lösung verschiedener Aufgaben und die Auswertung von vorgefundenen Informationen eröffnet sich ihm der Weg zu „dem zentralen Raum" und gleichzeitig zu seiner eigenen Geschichte. Das Spiel wird in *Lingo*, der Programmiersprache von *Macromedia Director*, programmiert. Damit werden alle Komponenten des Spiels (2D-, 3D-Grafik, Sound) zu einer Einheit zusammengefügt und die eigentliche Navigation durch das Spiel ermöglicht. Die Räume werden in einer 3D-Software generiert. Großer Wert wird auf die perfekte Einbindung von 2D-Grafiken, welche in *Freehand* und *Photoshop* erstellt werden, gelegt, die als Bedienelemente oder Animationen in die 3D-Grafiken integriert sind. Der Aufbau eines solchen Bedienelementes ist hier beschrieben.

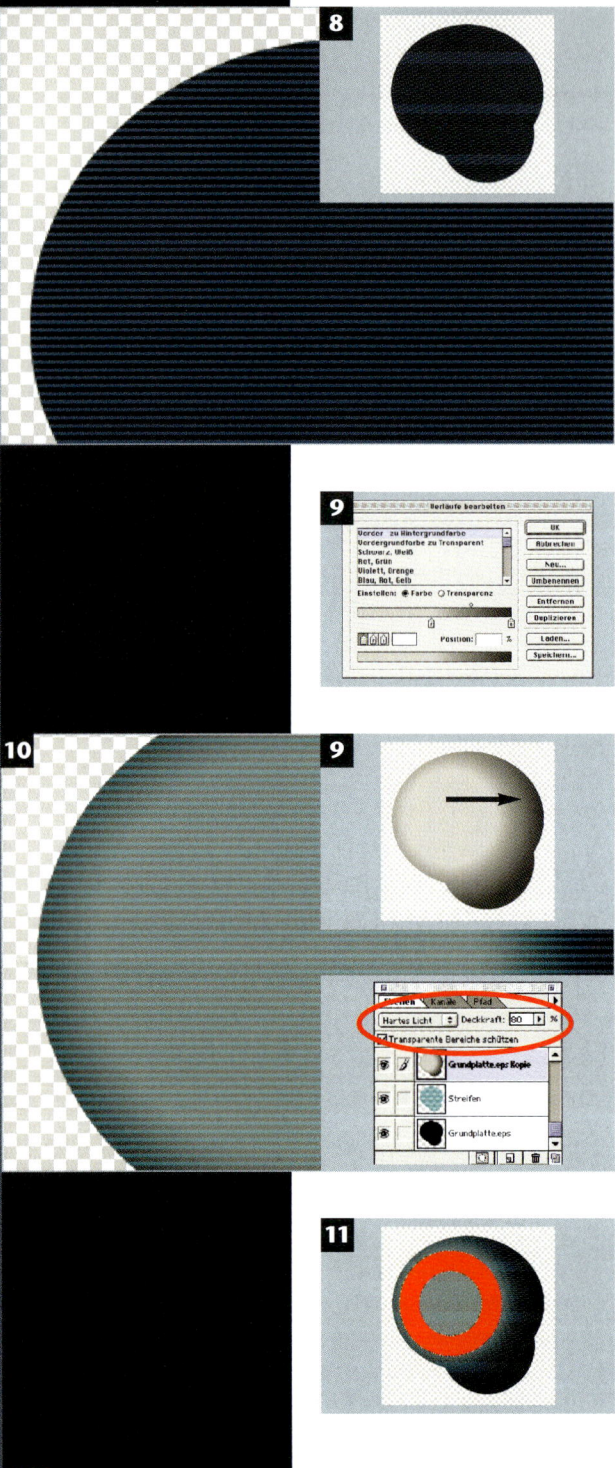

8. Wenden Sie auf die Streifenebene den *Filter* ➤ *Weichzeichnungsfilter* ➤ *Gaußscher Weichzeichner* (*Radius* hier 0,5 Pixel) an. Zum Beschneiden der Streifenebene laden Sie die *Transparenzmaske* der untersten Ebene, kehren die Auswahl um und löschen. Blenden Sie die unterste Ebene („Grundplatte") ein, um das Ergebnis zu sehen.

9. Wölbungseffekt: Duplizieren Sie die unterste Ebene („Grundplatte") und positionieren Sie sie über der Streifenebene. Schalten Sie *Transparente Bereiche schützen* ein und erzeugen Sie einen kreisförmigen Verlauf in der abgebildeten Richtung.

10. Stellen Sie als Ebenenmodus *Hartes Licht* sowie eine reduzierte *Deckkraft* ein. Schwächen Sie ggf. Helligkeit und Kontrast der Streifen ab (*Bild* ➤ *Einstellen*).

11. Reliefeffekt auf der roten Scheibe: Aktivieren Sie die Ebene und füllen Sie die deckenden Pixel mit roter Farbe. Laden Sie die *Transparenzmaske* der Ebene.

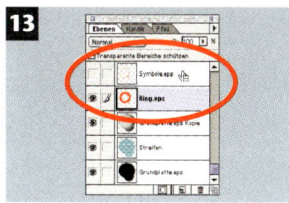

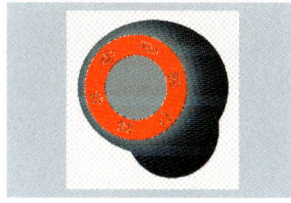

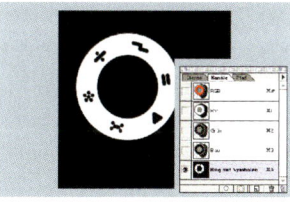

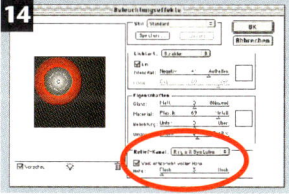

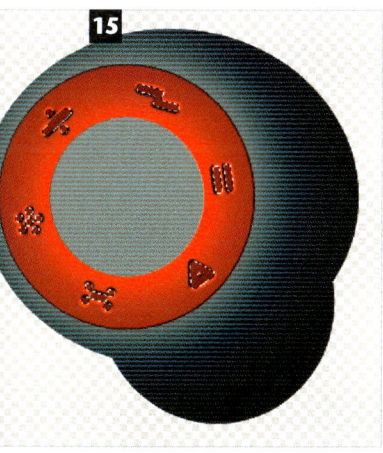

13. Ziehen Sie nun von der bestehenden Auswahl (des Rings) die Auswahl der Symbole-Ebene ab, indem Sie mit gedrückter Befehls- und Wahltaste (⌘ ⌥) auf die Symbole-Ebenen klicken. Speichern Sie diese Auswahl als Alpha-Kanal (*Auswahl ➤ Auswahl speichern...*), um diesen später als Reliefkanal zu verwenden. Heben Sie die Auswahl auf (⌘D). Möchten Sie das Ergebnis sehen, wechseln Sie in die Kanäle-Palette und aktivieren den Alpha-Kanal. Aktivieren Sie dann wieder den Gesamtkanal (RGB) und die Ebenen-Palette.

14. Bei aktiver Ring-Ebene (ohne Auswahl) rufen Sie den *Renderingfilter ➤ Beleuchtungseffekte* auf. Verwenden Sie einen *Strahler*, den Sie genau in der Mitte des Objekts platzieren und etwas *aufhellen*. Laden Sie als *Reliefkanal* den eben angelegten Alpha-Kanal (Option *Weiß entspricht voller Höhe* eingeschaltet) und reduzieren Sie die *Höhe*.

15. Laden Sie die *Transparenzmaske* der Symbol-Ebene, verkleinern Sie sie um 1 Pixel (*Auswahl verändern ➤ Verkleinern*) und dunkeln Sie sie etwas ab.

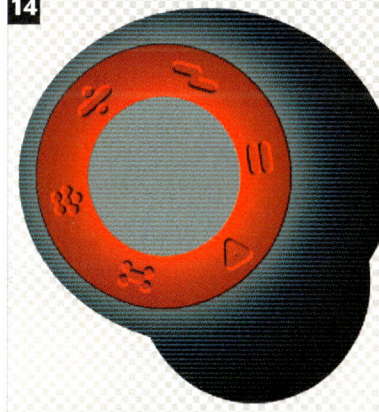

✔
In Photoshop 5 finden Sie den Befehl *Auswahl ➤ Auswahl verändern ➤ Verkleinern* **fälschlicherweise unter** *Auswahl ➤ Auswahl transformieren,* **resp. heißt der Befehl** *Auswahl transformieren Auswahl verändern.*

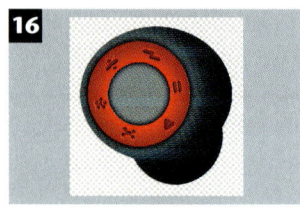

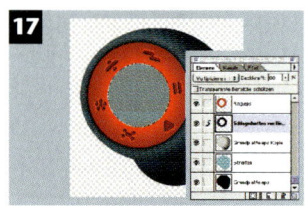

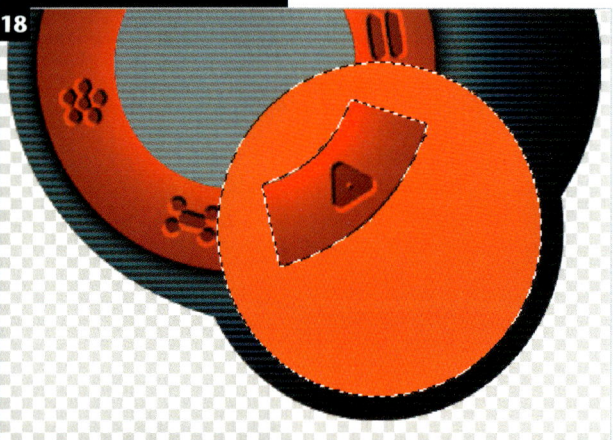

16. Vergeben Sie einen *Schlagschatten* (*Ebeneneffekte*) mit *Distanz* 0, *Weichzeichnen* 20, *Intensität* 100. Wählen Sie *Ebene* ➤ *Ebene erstellen*, um den Effekt in eine Ebene umzuwandeln.

17. Wählen Sie dann mit dem Zauberstab bei aktiver Ring-Ebene das Innere des Rings aus, aktivieren Sie die Schlagschatten-Ebene und löschen Sie. Heben Sie die Auswahl auf.

18. Die weiteren Reliefeffekte werden ähnlich erzeugt wie in den Schritten 11 bis 14 beschrieben. Blenden Sie die nächste Ebene (Grundfläche) ein und füllen Sie die deckenden Pixel mit einer Farbe. Laden Sie die *Transparenzmaske* der Ebene und speichern Sie sie als Alpha-Kanal. Heben Sie die Auswahl auf.

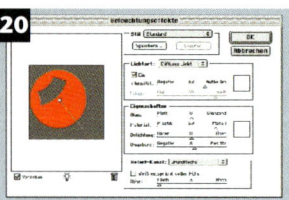

19. Wechseln Sie in die Kanäle-Palette und zeichnen Sie den neuen Kanal etwas weich (*Gauß. Weichzeichner*). Aktivieren Sie wieder den Gesamtkanal und die Ebenen-Palette.

20. Bei aktiver Grundfläche-Ebene (ohne Auswahl) rufen Sie den *Beleuchtungseffekte-Filter* auf. Verwenden Sie *Diffuses Licht*. Richten Sie die Hel-

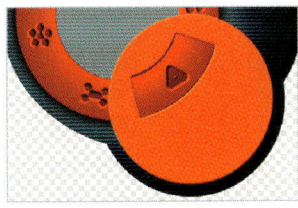

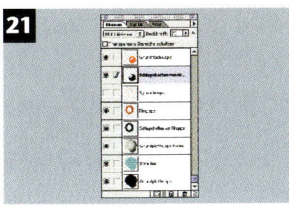

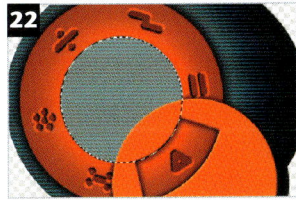

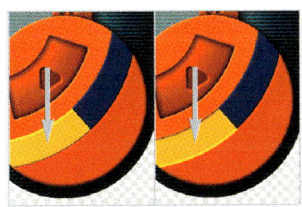

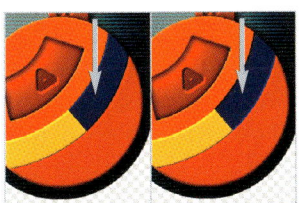

ligkeit ein. Laden Sie als *Reliefkanal* den eben angelegten Alpha-Kanal (Option *Weiß entspricht voller Höhe* ausgeschaltet) und reduzieren Sie die *Höhe*.

21. Vergeben Sie einen *Schlagschatten* (*Ebeneneffekte*) mit *Distanz* 0, *Weichzeichnen* 10, *Intensität* 50. Wählen Sie *Ebene* ➤ *Ebene erstellen*, um den Effekt in eine Ebene umzuwandeln.
22. Wählen Sie dann mit dem Zauberstab bei aktiver Ring-Ebene das Innere des Rings aus, aktivieren Sie die Schlagschatten-Ebene und löschen Sie. Heben Sie die Auswahl auf.
23. Für die übrigen Schalter verfahren Sie genauso wie in den Schritten 18 bis 20. Allerdings wurden hier jeweils zwei Versionen der Schalter – gedrückt und losgelassen – benötigt. Deshalb werden die Schalterebenen jeweils vor der Anwendung des *Beleuchtungseffekte-Filters* dupliziert und der Filter auf einer Ebene mit *aus*geschalteter und auf der duplizierten Ebene mit *ein*geschalteter Option *Weiß entspricht voller Höhe* angewendet.

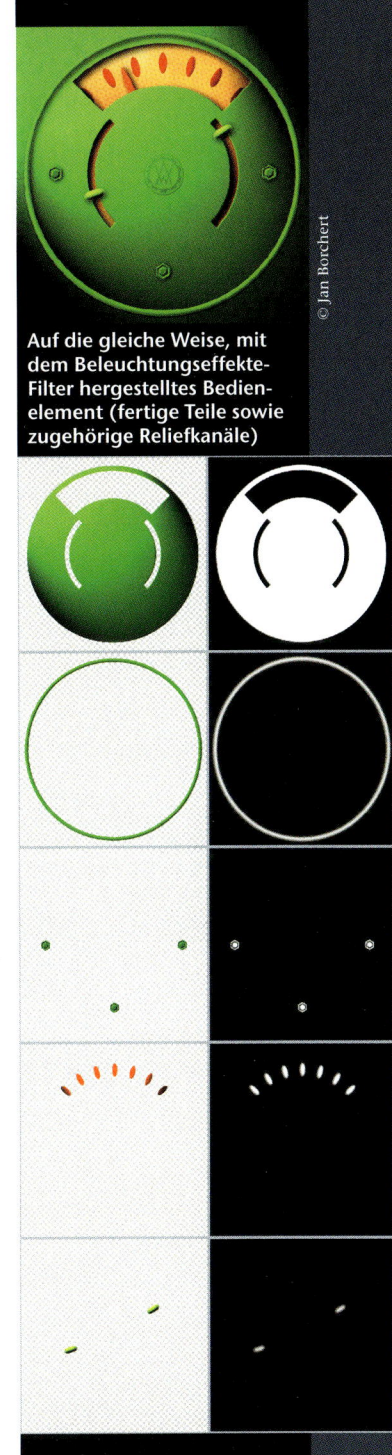

Auf die gleiche Weise, mit dem Beleuchtungseffekte-Filter hergestelltes Bedienelement (fertige Teile sowie zugehörige Reliefkanäle)

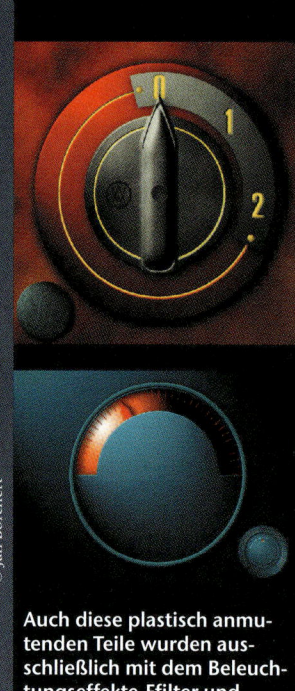

Auch diese plastisch anmutenden Teile wurden ausschließlich mit dem Beleuchtungseffekte-Ffilter und entsprechend vorbereiteten Reliefkanälen hergestellt

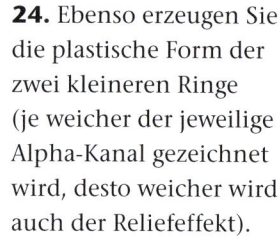

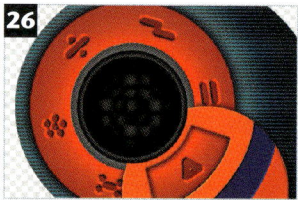

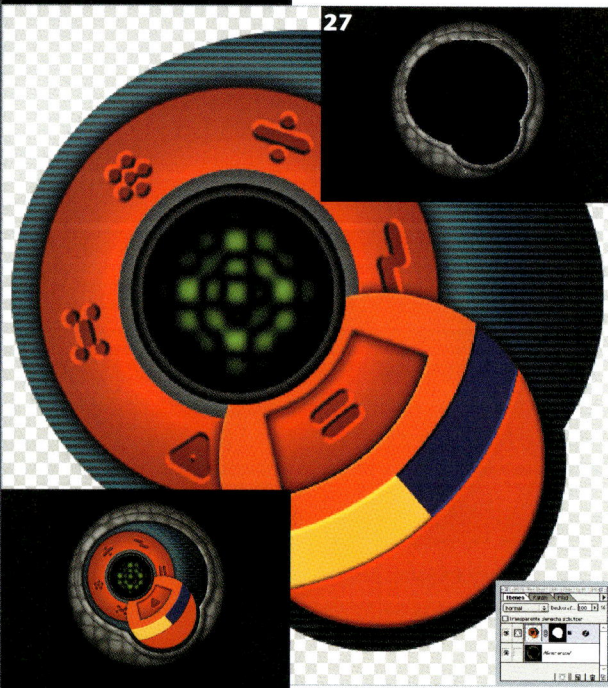

24. Ebenso erzeugen Sie die plastische Form der zwei kleineren Ringe (je weicher der jeweilige Alpha-Kanal gezeichnet wird, desto weicher wird auch der Reliefeffekt).

25. Nun wird die Binnenform des kleineren Ringes mit dem Zauberstab ausgewählt. Diese Auswahl wird auf der Grundfläche-Ebene gelöscht.

26. Die Lampe im Inneren wurde mit Hilfe des *KPT 5-Strukturforschers,* des *KPT 5-Filters ➤ Verzerrungsfilters ➤ Glas (Kleine Linse)* hergestellt. Die einzelnen Schalterstellungen (Drehung der roten Symbolscheibe) werden durch verschiedenfarbige Lampen visualisiert. Dafür wird die Lampenebene dupliziert und koloriert (*Farbton/Sättigung*).

27. Zuletzt fasst man alle relevanten Ebenen zu einer zusammen und zieht diese in das 3D-Standbild. Dort zeichnet man die Kontur mit einem Pfad nach und lädt diesen als Auswahl. Damit legen Sie eine Ebenenmaske an und transformieren ggf. – abschließend erzeugen Sie einen *Schatten nach innen* (*Ebeneneffekte*).

Lupeneffekt

Für den Lupeneffekt bereitet man die runde Lupenform in den Alpha-Kanälen vor und wölbt ein dahinter liegendes Bild mit dem Wölben-Filter.

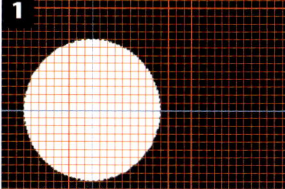
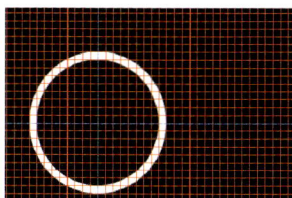
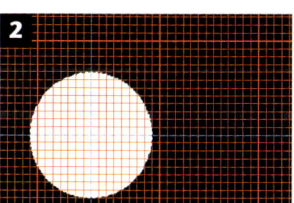

1. Legen Sie in einem neuen RGB-Dokument einen neuen Alpha-Kanal (*Alpha 1*) an. Stellen Sie das Raster ein und markieren Sie mit Hilfslinien ein Fadenkreuz als Kreismittelpunkt. Ziehen Sie eine runde Auswahl auf und füllen Sie sie weiß. Heben Sie die Auswahl auf. Ziehen Sie dann eine zweite, etwas kleinere Auswahl auf und füllen Sie sie schwarz.

2. Die aktive Auswahl speichern Sie nun über *Auswahl ➤ Auswahl speichern* – dadurch entsteht der Kanal *Alpha 2*.

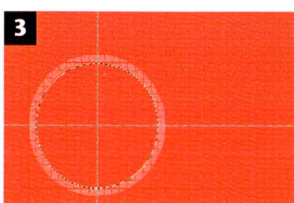
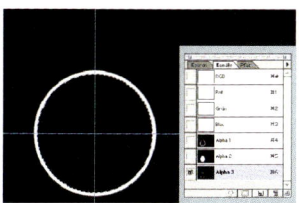

3. Legen Sie einen dritten neuen Alpha-Kanal an (*Alpha 3*) und blenden Sie *Alpha 1* ein, damit Sie sich an der Größe orientieren können. Füllen Sie die immer noch aktive Auswahl weiß. Heben Sie die Auswahl auf, ziehen Sie wieder eine zweite, etwas kleinere runde Auswahl auf und füllen Sie sie schwarz. Heben Sie die Auswahl auf.

✔ Zum Aufziehen einer Auswahl von der Mitte aus halten Sie die Wahltaste (⌥) gedrückt; soll die Auswahl kreisförmig oder quadratisch werden, halten Sie zusätzlich die Umschalttaste (⇧) gedrückt.

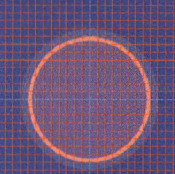

So sehen alle drei Alpha-Kanäle zusammen eingeblendet (nach Schritt 3) aus. Für eine Änderung der Maskenfarbe doppelklicken Sie auf einen Kanal, klicken auf das Farbfeld und wählen eine neue Farbe aus.

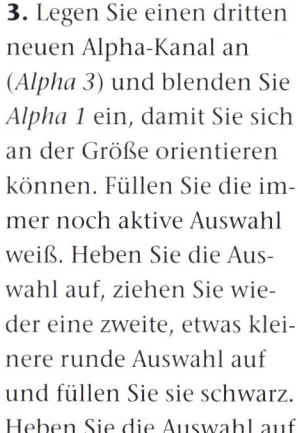
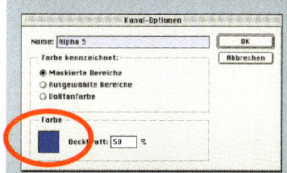

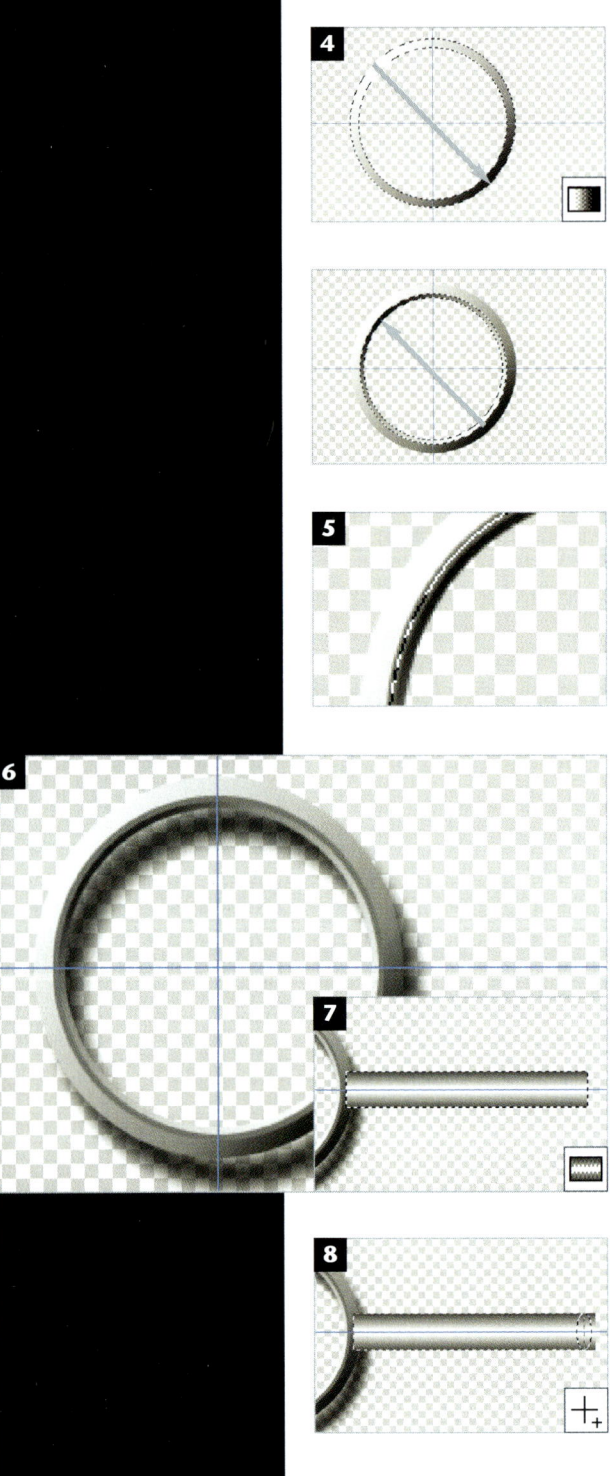

4. Aktivieren Sie den Gesamtkanal und laden Sie die Auswahl von *Alpha 1*. Wechseln Sie in die Ebenen-Palette, legen Sie eine neue Ebene an und ziehen Sie einen *linearen Verlauf* (Vorder- zu Hintergrundfarbe; Weiß zu Schwarz) diagonal (Pfeil) auf. Laden Sie dann *Alpha 3* und ziehen Sie den gleichen Verlauf, jedoch in entgegengesetzter Richtung auf.

5. Laden Sie die Auswahl von *Alpha 2*. Vergeben Sie eine Konturfüllung von einigen Pixeln in einem mittleren Grau (*Bearbeiten* ➤ *Kontur füllen*; *Position* Mitte).

6. Heben Sie die Auswahl auf. Richten Sie einen *Schlagschatten* (*Ebeneneffekte*) ein.

7. Auf einer neuen Ebene erstellen Sie eine rechteckige Auswahl für den Griff und ziehen mit dem *reflektierten Verlaufswerkzeug* einen Verlauf auf. Heben Sie die Auswahl auf.

8. Wählen Sie den Griff erneut mit einer Kombination aus ovaler und rechteckiger Auswahl (⇧) aus. Kehren Sie die Auswahl um und löschen Sie.

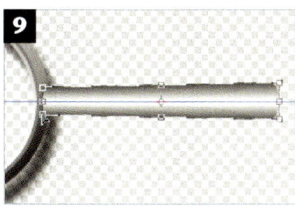

9. Heben Sie die Auswahl auf und *transformieren* Sie *perspektivisch*. Bewegen Sie den Griff an die gewünschte Position und vergeben Sie auch dafür einen *Schlagschatten*.

10. Kolorieren Sie die beiden Lupenteile über *Bild* ➤ *Einstellen* ➤ *Farbton/Sättigung*. Bearbeiten Sie die Oberflächen noch mit einer Struktur (s. S. 114).

11. Fügen Sie ein Bild hinter der Lupe ein. Ich verwendete hier einen Bildschirmschnappschuss.

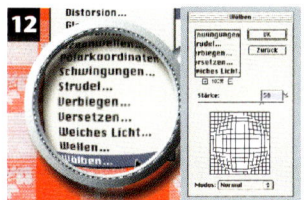

12. Laden Sie die Auswahl von Kanal Alpha 2 auf dieser Bildebene. Wenden Sie darauf den *Filter* ➤ *Verzerrungsfilter* ➤ *Wölben* an.

13. Fügen Sie auf einer neuen Ebene mit dem *kreisförmigen Verlaufswerkzeug* – Vordergrundfarbe (Weiß) zu Transparent – Reflexlichter hinzu (zur besseren Darstellung hier auf einem roten Grund).

Verfärben und Verformen

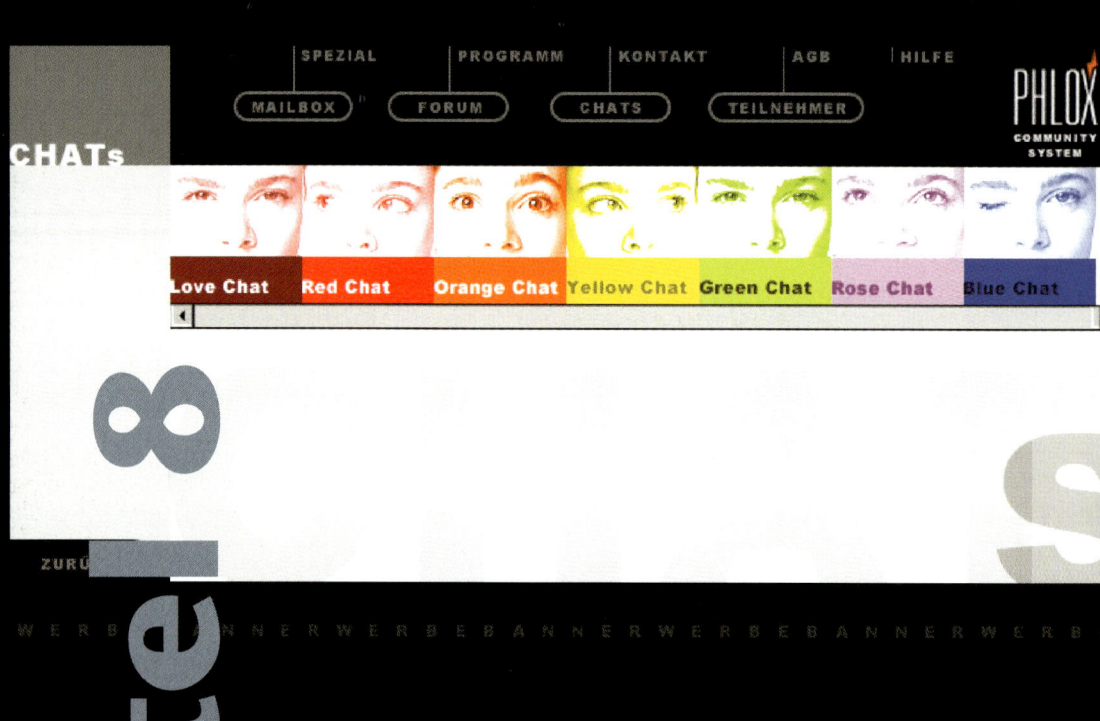

Kapitel 8

Kolorieren von Bildern

Eine der einfachsten Möglichkeiten, Bilder zu färben, ist der Befehl *Farbton/Sättigung* mit der Option *Färben* bzw. *Kolorieren*. Eine interessante Alternative dazu bietet die Arbeit mit den verschiedenen Ebenenmodi.

Weiches Licht; 100%

Farbig abwedeln; 80%

Farbig nachbelichten; 80%

Farbe; 100%

Abdunkeln / Hartes Licht; je 100%

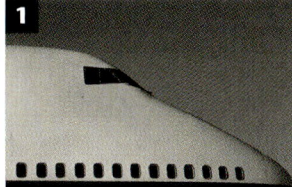

1. Ein Graustufenbild muss zum Kolorieren in den RGB-Modus, den Lab- oder CMYK-Modus konvertiert werden.

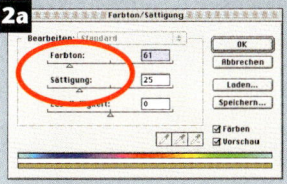

2a. Rufen Sie den Befehl *Bild ➤ Einstellen ➤ Farbton/Sättigung* auf. Klicken Sie auf *Färben* bzw. *Kolorieren*. Nun können Sie mittels Schieberegler einen Farbton und dessen Sättigung einstellen.

2b. Alternativ legen Sie über dem zu färbendem Bild eine neue Ebene an, die Sie 100%ig deckend mit einer Farbe füllen. Experimentieren Sie dann mit unterschiedlichen Einstellungen des *Ebenenmodus* und der *Deckkraft* dieser Ebene. Alle Variationen in der rechten Spalte sind so mit ein und derselben Farbe entstanden.

129

Kolorieren mit Verläufen

Wie auf der vorigen Seite beschrieben kann die Ebene statt der Farbe auch einen Verlauf enthalten, der dann über den Ebenenmodus in das Bild einkopiert wird. Es ist aber auch möglich, Verläufe als *Gradations-* resp. *Effektkurven* zu speichern und auf Bilder anzuwenden.

1. Legen Sie über dem zu färbenden Bild eine neue Ebene an. Ziehen Sie dort einen mehrfarbigen 100%ig deckenden Verlauf auf. Probieren Sie aus, welcher Modus und welche Deckkraft Ihren Vorstellungen entspricht.

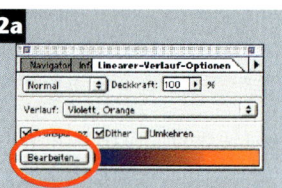

2a. Zum Erstellen von Effektkurven gehen Sie so vor: Doppelklicken Sie auf ein *Verlaufswerkzeug.* Der Werkzeug-Optionen-Dialog öffnet sich. Klicken Sie dort auf den Schalter *Bearbeiten.* Wählen Sie einen Verlauf aus oder mischen Sie sich einen neuen. Klicken Sie dann mit gedrückter Befehlstaste (⌘) auf den *Sichern*-Schalter und speichern Sie ab.

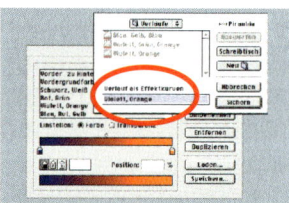

2b. Duplizieren Sie sicherheitshalber die Ebene, auf der Sie die Effektkurve anwenden wollen. Rufen Sie den *Gradationskurven*-Dialog auf (*Bild* ➤ *Einstellen-*

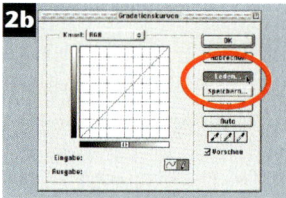

Menü). Laden Sie dort den in Schritt 2a gespeicherten Verlauf. Mit Hilfe der Gradationskurve können Sie auch noch Veränderungen vornehmen. Zusätzlich zu einer so hergestellten Kolorierung bieten die verschiedenen Ebenenmodi in Kombination mit der Deckkraft zahllose Variationsmöglichkeiten.

Standardverlauf *Violett, Orange*;
Normal, 100% (links);
Ineinanderkopieren, 100% (unten)

Standardverlauf
Violett, Grün, Orange;
Ineinanderkopieren, 100% (links);
Farbton, 100% (unten)

Standardverlauf *Blau, Gelb, Blau*;
Normal, 100% (links);
Differenz, 50% (unten)

Farbig drucken

Im Normalfall wird ein farbiges Bild vom RGB- oder Lab-Modus in den **CMYK-Modus** konvertiert, um im Vier-(oder Prozess-)Farbdruck gedruckt werden zu können.

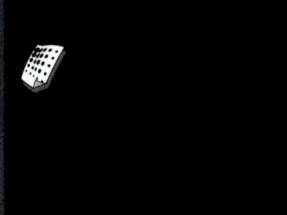

CMYK-Modus

Ein farbiges Bild kann aber auch im **Duplex-Modus**, d. h. mit ein, zwei, drei oder vier Sonderfarben gedruckt werden. Diese Sonderfarben können sowohl Echtfarben (z. B. Pantone- oder HKS-Farben) als auch CMYK-Farben sein. Möchte man ein Bild in den Duplex-Modus konvertieren, muss man über den Zwischenschritt Graustufen-Modus gehen. Im Duplex-Modus erfolgt die farbliche Veränderung über das gesamte Bild hinweg. Hat man die Farben ausgewählt, kann man lediglich ihre Verteilung mittels Gradationskurve ändern. Photoshop bietet eine Reihe vordefinierter Duplex-Kurven an, die im Dialog geladen und modifiziert werden können. Im Duplex-Modus existiert übrigens nur ein Farbkanal –

Duplex mit CMYK-Farben

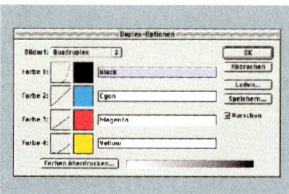

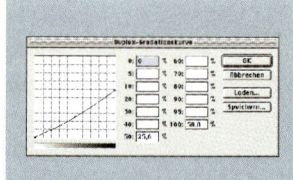

beim Belichten werden jedoch, je nach ausgewählter Anzahl der Farben, ein bis vier Filme ausgegeben. Ein Duplex-Bild kann nur im Format EPS, DCS 1.0 oder DCS 2.0 abgespeichert werden.

Eine weitere Variante ist das Erstellen eines **manuellen Duplex-Bildes im CMYK-Modus bzw. mit Volltonfarbenkanälen**. Hier hat man die Möglichkeit, die ursprüngliche Farbigkeit des Bildes teilweise zu erhalten und mit einer typischen Duplex-Farbigkeit zu kombinieren. Als Zwischenschritt muss der Lab-Modus fungieren, da er im L-Kanal die gesamten Helligkeitsinformationen des Bildes, welche zur Erhaltung der Zeichnung des Bildes notwendig sind, speichert. (Die Verwendung des Schwarz-Kanals aus dem CMYK-Modus ist nicht möglich, da die Helligkeitsinformationen hier auf alle Kanäle verteilt sind.) Der Inhalt des L-Kanals wird dann in den Schwarz-Kanal des CMYK-Bildes, die Farbinformationen des a- und/oder b-Kanals in die CMY-Kanäle kopiert und Letztere über die Gradationskurve etwas aufgehellt. Gehen Sie so vor:

Manuell erstelltes Duplex mit CMYK-Farben (CYK)

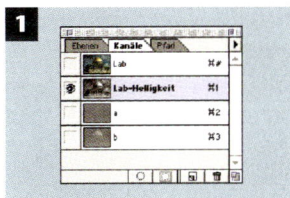

1. Duplizieren Sie ein CMYK-Bild und konvertieren Sie es in den Lab-Modus. Aktivieren Sie den Kanal Lab-Helligkeit, wählen Sie alles aus (⌘A) und kopieren Sie (⌘C).

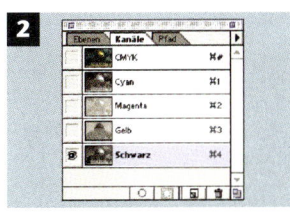

2. Wechseln Sie in das CMYK-Bild, aktivieren Sie den Schwarz-Kanal und fügen Sie ein (⌘V). Kopieren Sie dann aus dem Lab-Bild den Inhalt des a- und/oder b-Kanals in den C-, M-, oder Y-Kanal (je nach Vorlage und gewünschtem Effekt). Ich habe den a-Kanal in den Cyan-Kanal kopiert und den Magenta-Kanal gelöscht.

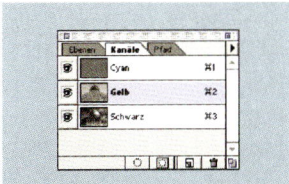

✔ **Wird im CMYK-Modus einer der Original-Farbkanäle aus der Kanäle-Palette gelöscht, werden die restlichen Kanäle automatisch in Volltonfarbkanäle umgewandelt, der Gesamtkanal (CMYK) entfernt und das Dokument in den Mehrkanal-Modus konvertiert.**

✔ **Im Mehrkanal-Modus kann leider kein Farb-Composite gedruckt werden.**

133

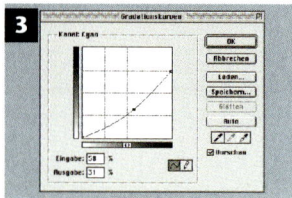

3. Blenden Sie zur Kontrolle alle Kanäle ein. Hellen Sie die Farbkanäle mit Hilfe der Gradationskurven (Menü *Bild* ➤ *Einstellen*) nach Wunsch auf.

Manuell erstelltes Duplex mit CMYK-Farben (CYK)

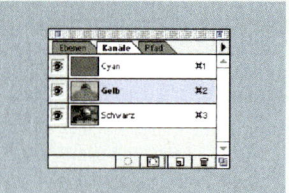

4. Da es sich bei den ehemaligen CMYK-Kanälen nun um Volltonfarbenkanäle handelt, können die CMYK-Farben auch im Nachhinein in echte Volltonfarben umgewandelt werden. Über Doppelklick auf den Kanal gelangen Sie in den Dialog *Vollfarbenkanal-Optionen*. Ein Klick auf das Farbfeld führt in den Farbwähler, wo über den Schalter *Eigene* z. B. Pantone-Farben ausgewählt werden können. Bilder mit Volltonfarbenkanälen können nur im DCS-2.0-Format abgespeichert werden.

✔

Mit der Option *Solidität* (bzw. *Tonwert* in Photoshop 5) wird die Solidität der gedruckten Volltonfarbe auf dem Bildschirm simuliert. Ein Wert von 100% simuliert eine vollständig deckende Volltonfarbe (z. B. metallische Farbe) und 0% eine durchsichtige Farbe (z. B. Klarlack). Die Einstellung bei *Solidität (Tonwert)* ist also abhängig von der Art der Druckfarbe, die Sie verwenden.

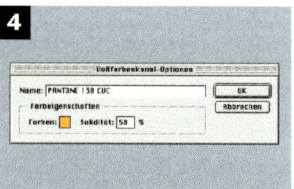

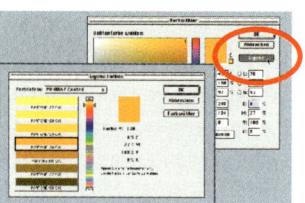

Manuell erstelltes Duplex mit Pantone-Farben (simuliert mit CMYK-Farben)

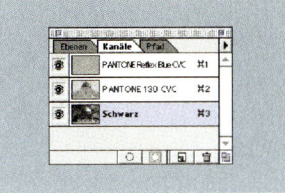

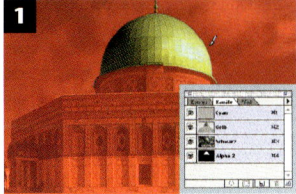

1. Eine weitere Möglichkeit besteht im Anlegen eines partiellen Duplex. Hier werden nur ausgewählte Teile des Bildes farbig gedruckt. Maskieren Sie die nicht gewünschten Bildbereiche (im *Maskierungsmodus* oder in einem *Alphakanal*). Die Auswahl laden Sie in den Farbkanal, kehren die Auswahl um und löschen.

✔
Alle hier vorgestellten Duplex-Varianten mit echten Volltonfarben sind aus Kostengründen durch CMYK-Farben simuliert. Volltonfarben, die zusätzlich zu den CMYK-Farben gedruckt werden, verursachen auch Extrakosten.

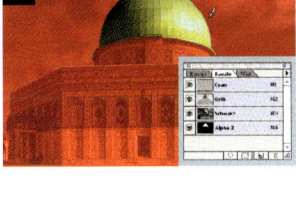

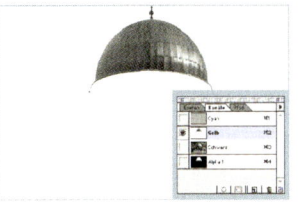

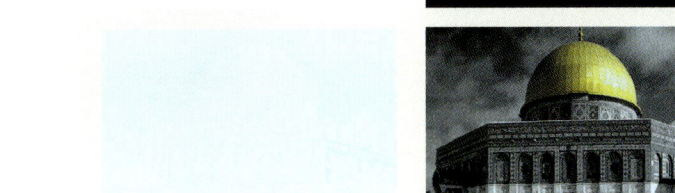

Manuell erstelltes partielles Duplex mit CMYK-Farben (CYK)

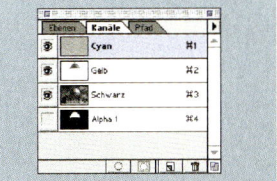

135

Postereffekt

Sicher haben Sie den Befehl *Tontrennung* aus dem Menü *Bild* ➤ *Einstellen* schon einmal ausprobiert. Photoshop posterisiert jeden Farbkanal in der angegebenen Anzahl von Stufen, sodass beispielsweise in einem RGB-Bild bei 2 Tonwert-Stufen 8 Farben ($2 \times 2 \times 2$), in diesem Fall

Schwarz, Weiß, Rot, Grün, Blau, Cyan, Magenta und Gelb entstehen. In den meisten Fällen führt die Anwendung dieses Befehls nur zu unbefriedigenden Ergebnissen. Die hier beschriebene Methode gibt Ihnen mehr Kontrolle sowohl über die Anzahl der Farben als auch die Farben selbst, die sowohl CMYK-Farben als auch Sonderfarben sein können.

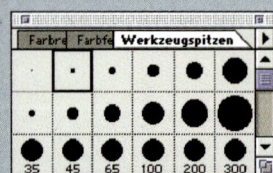

1. Öffnen Sie ein Bild. Ein Farbbild wandeln Sie in den Graustufen-Modus um. Das Bild soll vor dem Posterisieren in seiner endgültigen Größe und Auflösung vorliegen, da durch die Interpolation bei der Neuberechnung neue Graustufen entstehen. Duplizieren Sie die Ebene zum Experimentieren. Wählen Sie *Bild* ➤ *Einstellen* ➤ *Tontrennung*.

2. Entfernen Sie ggf. mit dem *Buntstift* unerwünschte Details. Nehmen Sie die gewünschte Farbe mit der Pipette aus dem Bild auf.

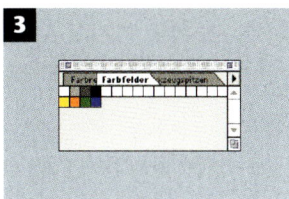

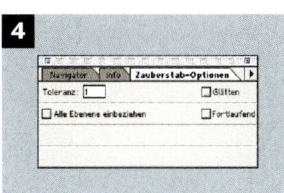

3. Konvertieren Sie das Bild in den RGB-Modus. Sinnvollerweise nehmen Sie die vorhandenen Farben mit der Pipette in der Farbfelder-Palette auf und ordnen ihnen neue zu.
4. Stellen Sie den Zauberstab auf *Toleranz* 1 ein und deaktivieren Sie die Option *Glätten*. Ab Photoshop 5.5 deaktivieren Sie zusätzlich die Option *Fortlaufend*.
5. Klicken Sie auf eine Farbe (z. B. Schwarz) im Bild. In Photoshop 5 wählen Sie noch *Auswahl ➝ Ähnliches auswählen*. Alle schwarzen Pixel sollten nun ausgewählt sein.
6. Wählen Sie die Farbe aus, die Sie Schwarz zugeordnet hatten, und füllen Sie damit (⌥ ⌫). Heben Sie die Auswahl auf.

7. Wiederholen Sie die Schritte 5 und 6 für alle weiteren Farben. Falls Ihnen die Farbzusammenstellung nicht gefällt, können Sie beliebig oft neu auswählen und füllen.

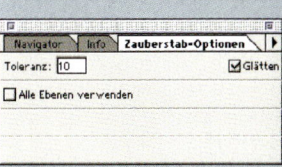
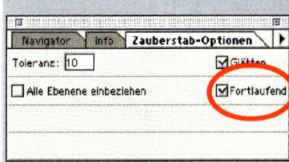
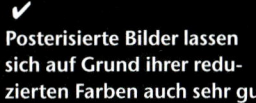

Bildbereiche umfärben

Zum Umfärben von Bildbereichen ist es sinnvoll, den gewünschten Bildbereich vorher auszuwählen, da sonst alle farbähnlichen Bereiche im gesamten Bild von der Veränderung betroffen wären.

Farbbereich auswählen

Der Befehl *Auswahl* ➤ *Farbbereich auswählen* ist dem Befehl *Bild* ➤ *Einstellen* ➤ *Farbe ersetzen* (siehe rechte Seite) in der Handhabung sehr ähnlich. Das Ergebnis des Befehls *Farbbereich auswählen* ist jedoch eine aktive Auswahl. Damit ist dieser Befehl eine Ergänzung der übrigen Auswahlwerkzeuge und besonders geeignet, wenn es darum geht, farbähnliche Bereiche mit diffusen Kanten (z. B. Haare) freizustellen (ab Photoshop 5.5 kann dafür alternativ der Befehl *Bild* ➤ *Extrahieren* verwendet werden; s. S. 151). Trotz Verwendung dieses Auswahl-Befehls ist immer eine weitere manuelle Nachbearbeitung der getroffenen Auswahl notwendig. Hierfür ist der Maskierungsmodus oder auch das Arbeiten mit Ebenenmasken geeignet.

✔

Um den letzten Schritt zu widerrufen, können Sie bei geöffneten Dialogen ⌘Z drücken. Halten Sie die Wahltaste (⌥) gedrückt, ändert sich der *Abbrechen*-Schalter im Dialog in *Zurück* – durch Klick darauf kehrt man zur Ausgangssituation zurück, ohne den Dialog verlassen zu müssen.

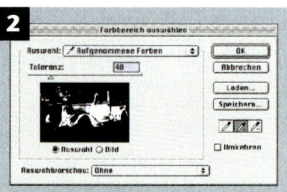

1. Öffnen Sie das Bild. Wählen Sie *Auswahl* ➤ *Farbbereich auswählen*. Schieben Sie die Fenster so, dass Sie auch das Bild sehen können.

2. Wählen Sie im Auswahl-Untermenü *Aufgenommene Farben*. Klicken Sie auf den Schalter *Auswahl*, um die Vorschau als Graustufenmaske zu sehen. Schalten Sie bei *Auswahlvorschau Ohne* ein (das ursprüngliche Bild ist zu sehen). Beginnen Sie mit einer niedrigen *Toleranz* (40). Wählen Sie die linke Pipette und klicken Sie damit einmal (im Bild) in einen repräsentativen Farbbereich der Farbe, die Sie auswählen wollen. Vervollständigen Sie die Auswahl: Klicken mit gedrückter Umschalttaste (⇧) (oder Plus-Pipette) auf weitere Farbtöne fügt Auswahlbereiche hinzu – Klicken mit gedrückter Wahltaste (⌥) (oder Minus-Pipette) entfernt Auswahlbereiche.

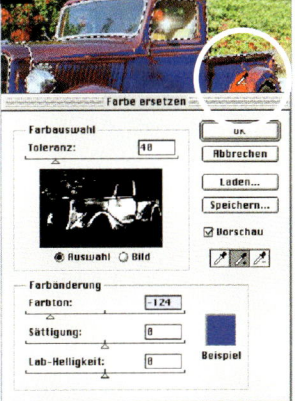

3. Das Ergebnis des Befehls *Farbbereich auswählen* ist eine aktive Auswahl. Diese muss nun z.B. im Maskierungsmodus nachbearbeitet werden. Maskieren Sie mit dem Pinsel alle Bildbereiche, die nicht mit umgefärbt werden sollen, bzw. ergänzen Sie eventl. nicht mit erfasste Bildbereiche. Achten Sie auf eine 100%ige *Deckkraft* des Pinsel.

4. Wechseln Sie dann zurück in den Standardmodus. Die entstandene Auswahl bietet nun genaue Kontrolle über die im nächsten Schritt erfolgende Farbänderung.

5. Rufen Sie bei aktiver Auswahl *Bild ➤ Einstellen ➤ Farbe ersetzen* auf. Ändern Sie bei einer *Toleranz* von 40 gleich den *Farbton* (Schieberegler), um die noch auszuwählenden Bereiche sehen zu können. Fügen Sie durch Klicken mit der Plus-Pipette weitere Farbbereiche hinzu. Ergänzen Sie die Auswahl mit den Pipetten wie in Schritt 2 beschrieben. Korrigieren Sie ggf. Farbton, Sättigung und Helligkeit.

✔ Hinweise zum Arbeiten im Maskierungsmodus finden Sie auf Seite 158.

Masken-Optionen ändern

Der Dialog *Masken-Optionen* wird durch Doppelklick auf den Maskierungsmodus-Schalter (oder Standardmodus-Schalter) geöffnet. Mit den Maskierungsoptionen können Sie die *Masken-Farbe* ändern. Die voreingestellte (rote) Maskenfarbe sollte nur geändert werden, wenn Sie ein Bild mit vielen Rottönen maskieren müssen. Zum Ändern der Farbe klicken Sie einmal auf das (rote) *Farbfeld*. Sie gelangen in den Farbwähler und können sich eine andere Farbe auswählen. Die *Deckkraft* der Maskendarstellung hat nichts mit der Deckkraft der Maske zu tun. Mit der Deckkraft der Maskendarstellung stellen Sie ein, wie viel Sie von Ihrem Bild beim Maskieren sehen wollen. Die Voreinstellung von 50% ist empfehlenswert.

Farbe ersetzen

Mit dem Befehl *Bild ➤ Einstellen ➤ Farbe ersetzen* können Bereiche im Bild, basierend auf ähnlichen Farbwerten, mittels einer Maske ausgewählt werden. Die mit dem Befehl *Farbe ersetzen* erstellte Maske ist allerdings nur temporär und erstellt keine Auswahl im Bild. Die Auswahl existiert nur innerhalb dieses Dialoges mit dem Ziel, Farbton und Sättigung (ähnlich dem Befehl *Farbton/Sättigung* aus dem Menü *Bild ➤ Einstellen*) des ausgewählten Bereiches zu verändern.

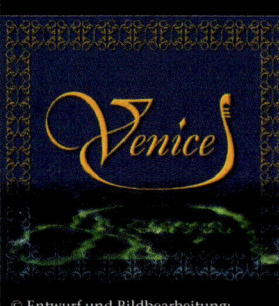

© Entwurf und Bildbearbeitung:
Christine Berkenhoff

✔

Beachten Sie, dass alle Wertangaben in Pixeln von der jeweiligen Bildgröße (Breite / Höhe bzw. Bildauflösung) der Datei abhängen. Die Angaben in diesem Beispiel beziehen sich auf eine Bildbreite von ca. 1700 Pixeln. Haben Sie z. B. eine Bildbreite von 500 Pixeln und in der Anleitung eine Wertangabe von 22 Pixeln (z. B. beim Weichzeichnen) und möchten den gleichen Effekt erzielen, dritteln Sie den angegebenen Wert (1700 : 500 = ca. 3), geben also 7 ein.

Wasserspiegelung

In diesem Beispiel soll gezeigt werden, wie durch Verwendung des *Versetzen-Filters* (ein Filter aus der Gruppe der *Verzerrungsfilter*) eine Wasserspiegelung erzeugt werden kann. Der Verzerrungsfilter verwendet eine andere Photoshop-Datei als Versatzmatrix.

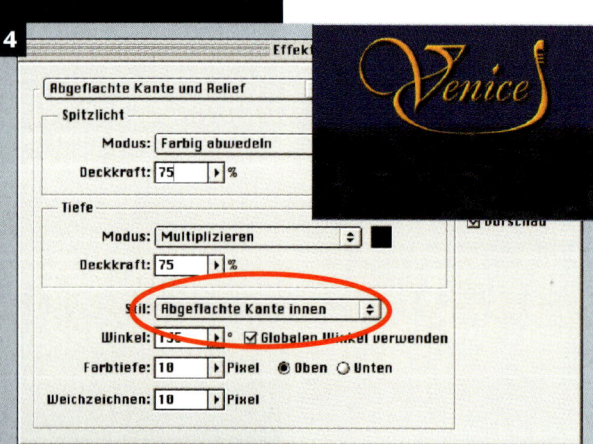

1. Wir starten mit einer neuen Datei (blauer Hintergrund), in die wir ein Bild mit Wasseroberfläche ziehen. Über eine Ebenenmaske wird der obere Teil des Wassers ausgeblendet.

2. Für die Wasserebene wurde der Modus *Multiplizieren* eingestellt, um das Wasser in das Blau des Hintergrundes einzukopieren – experimentieren Sie mit den Ebenenmodi!

3. Über den Befehl *Datei → Plazieren...* wird eine im Grafikprogramm vorbereitete Grafik in die Datei importiert. Die Grafik (hier ein Schriftzug) wird durch Ziehen an einem der Eckanfasser bei gedrückter Umschalttaste (⇧) proportional skaliert. Anschließend wird der Schriftzug gelb gefüllt (⌥⇧⌫).

4. Erzeugen Sie nun *Ebeneneffekte: Abgeflachte Kante und Relief* (s. Abb.) sowie einen *Schlagschatten*: *Distanz* 22; *Weichzeichnen* 15 (bei 1700 Pixel Bildbreite).

5. Duplizieren Sie die Ebene mit dem Schriftzug und blenden Sie das Original aus. *Spiegeln* Sie *vertikal* (*Transformieren*) und entfernen Sie den *Schlagschatten* aus den *Ebeneneffekten*.
6. Transformieren Sie den gespiegelten Schriftzug perspektivisch (⌘T). Dies geschieht, damit die Spiegelung auch eine räumliche Tiefe erhält.

So sah der in Freehand vorbereitete Schriftzug aus

✔
Die Transformations-Kurzbefehle finden Sie auf S. 95.

✔
Ein unregelmäßig gestreifter Verlauf kann alternativ auch so erzeugt werden: Ziehen Sie einen linearen Standardverlauf *Vorder- zu Hintergrundfarbe* (Schwarz/Weiß) auf. Rufen Sie die Gradationskurven auf (*Bild ➤ Einstellen*) und malen Sie im Diagramm mit dem Stift eine Zickzacklinie von unten nach oben. Werden die Übergänge zu hart, klicken Sie ein- oder zweimal auf *Glätten*.

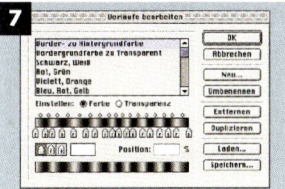

7. Nun wird die Versatzmatrix angelegt: Richten Sie ein neues Graustufen-Dokument ein (Größe etwa $^1/_4$ der Datei, jedoch gleiche Bildauflösung). Erzeugen Sie einen linearen Verlauf, den Sie vorher wie nebenstehend abgebildet bearbeiten. Achten Sie auf weiche Übergänge – je weicher, desto stärker die spätere Rundung der Wellen.

8. Rufen Sie den *Verzerrungsfilter ➤ Schwingungen* auf. Stellen Sie den Filter so ein, dass ein gleichmäßiges Wellenmuster entsteht. Speichern Sie die Datei im Photoshop-Format.

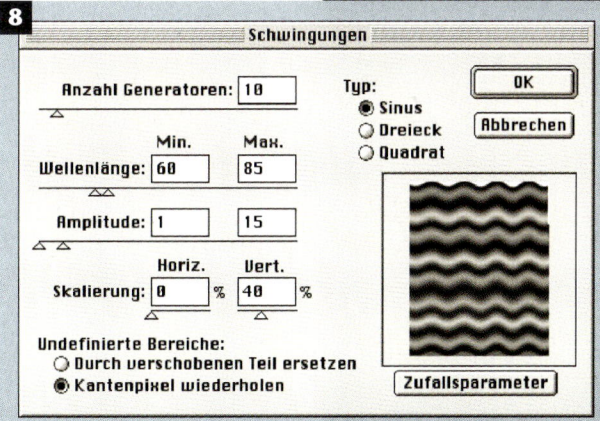

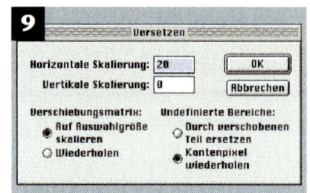

9. Wechseln Sie zurück in die Ausgangsdatei. Auf der gespiegelten Ebene wenden Sie den *Verzerrungsfilter* ➤ *Versetzen* (*Auf Auswahlgröße skalieren;* ohne *Vertikale Skalierung*) an. Nach dem Verlassen des Dialoges werden Sie aufgefordert, eine Versatzmatrix auszuwählen – wählen Sie hier die in Schritt 8 gespeicherte Datei aus.

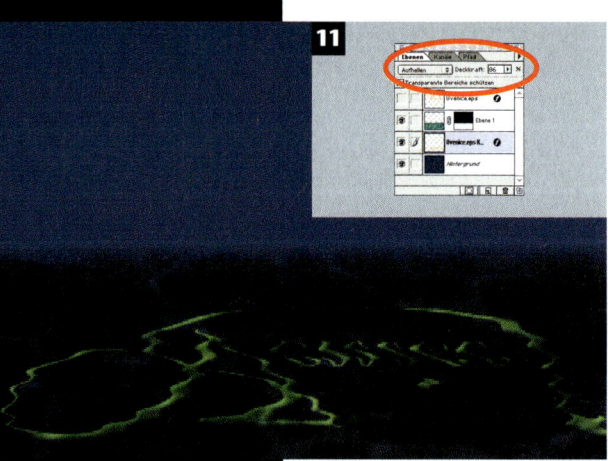

10. Anschließend stauchen Sie die Ebene auf die tatsächlich benötigte Größe (*Bearbeiten* ➤ *Transformieren*).

11. Schieben Sie die gespiegelte Ebene unter die Ebene, welche die Wasserfläche enthält. Stellen Sie als Modus z. B. *Aufhellen* und eine reduzierte *Deckkraft* ein.

Versetzen-Filter

Der Versetzen-Filter aus der Gruppe der *Verzerrungsfilter* gehört zu den Filtern, die eine Struktur (Versatzmatrix) verwenden, welche festlegt, wie das Bild verzerrt wird.

12. Duplizieren Sie die gespiegelte Ebene und wenden Sie darauf nochmals den Versetzen-Filter (w. o.) sowie den *Gaußschen Weichzeichner* (hier 15 Pixel) an.

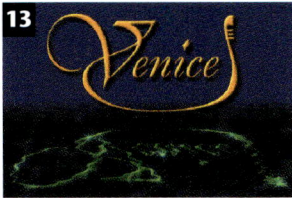

13. Je nach Wunsch wiederholen Sie Schritt 12 und variieren die Stärke der Weichzeichnung sowie den Ebenenmodus (z. B. *Negativ multiplizieren*) und die Deckkraft.

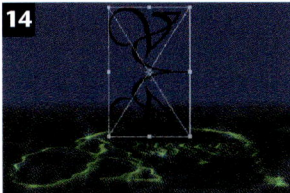

14. Für das Muster platzieren Sie ein Musterelement (hier ein Teil des Schriftzuges aus einem Grafik-Programm).

15. Das Musterelement wird gelb gefüllt, die Ebene dupliziert und gespiegelt. Anschließend legen Sie ein *transparentes Muster* fest (s. S. 40).

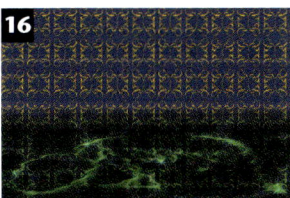

16. Nun wird eine neue Ebene mit dem Muster gefüllt (*Bearbeiten ➤ Fläche füllen; mit Muster*).

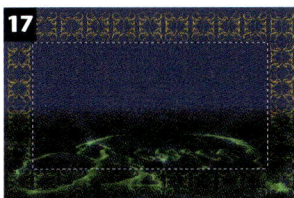

Versatz(bzw. Verschiebungs)-Matrix

Die Verschiebungsmatrix ist eine andere Photoshop-Datei (nicht möglich sind Bilder im Bitmap-Modus), deren Helligkeitswerte den Versatz beeinflussen. Helligkeitswerte von 0 (Schwarz) und 255 (Weiß) in der Matrixdatei bewirken jeweils einen maximalen Versatz, Helligkeitswerte von 128 (mittl. Grau) bewirken keinen Versatz. *Skalierung* legt die Stärke des Versatzes fest (bei 100 beträgt der maximale Versatz 128 Pixel). Wenn die Matrix nicht die gleiche Größe wie das Bild bzw. die Auswahl hat, auf die sie angewendet werden soll, wählen Sie *Auf Auswahlgröße skalieren*, um die Matrix der Größe anzupassen, oder *Wiederholen*, um die Matrix wie ein Muster zu wiederholen. Durch die Filtereinwirkung können Bildbereiche freigelegt (undefiniert) werden: *Durch verschobenen Teil ersetzen* kopiert das Bild und setzt es in den freigelegten Bereichen ein; *Kantenpixel wiederholen* füllt mit Kantenpixeln auf.

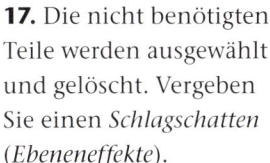

17. Die nicht benötigten Teile werden ausgewählt und gelöscht. Vergeben Sie einen *Schlagschatten* (*Ebeneneffekte*).

Weintropfen in Form

In der Photoshop-Arbeit auf der rechten Seite wurden Weintropfen – hier in Form einer Vespa – kreiert. In der folgenden Arbeitsanleitung stelle ich eine leicht abgewandelte Möglichkeit vor, Weintropfen zu erzeugen.

1. In einem Grafikprogramm wird ein Muster für die Tischdecke erzeugt und als EPS exportiert.

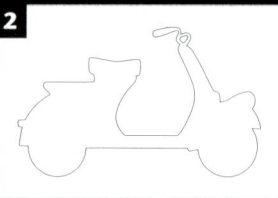

2. Im Grafikprogramm wird außerdem die Kontur der Vespa – in diesem Fall eine gescannte Abbildung – nachgezeichnet, und zwar in einer abgerundeten Form.

3. *Öffnen* Sie das Dokument in Photoshop und passen Sie ggf. die Größe an. Wenden Sie den *Störungsfilter* ➤ *Störungen hinzufügen* an, um die Struktur etwas aufzulockern.

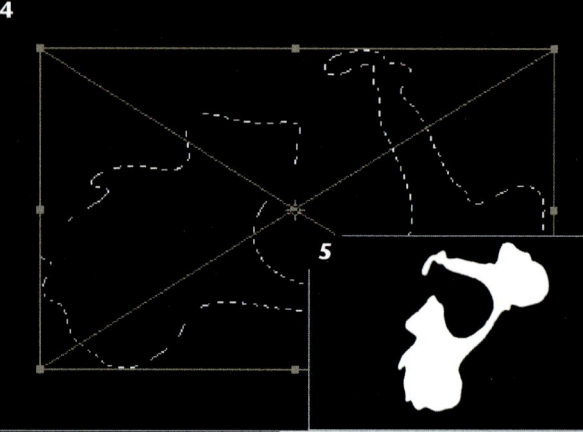

4. Wechseln Sie in die Kanäle-Palette und legen Sie einen neuen Alphakanal an (*Alpha 1*). *Plazieren* Sie das Vespa-EPS (*Datei* ➤ *Plazieren*) und korrigieren Sie ggf. die Größe und Lage.

5. Füllen Sie die Auswahl mit weißer Farbe und heben Sie die Auswahl auf. Drehen Sie um –50° (*Bearbeiten* ➤ *Transformieren* ➤ *Per Eingabe...*).

Frances
Piccolo

Roman

Buchumschlagentwurf für
den Alexander Fest Verlag
von Nicolaus Ott und
Bernard Stein; die Bild-
bearbeitung erledigte
Christine Berkenhoff.

vo rbei g eliebt

Alexander   Fest   Verlag

© Entwurf: Nicolaus Ott und Bernard Stein;
Bildbearbeitung: Christine Berkenhoff

6. Fügen Sie einige kleinere Tropfen hinzu – am besten eignet sich hierfür die Zeichenfeder (Pfad anschließend als Auswahl laden und weiß füllen).

✔ Die Verwendung des Basrelief-Filters kann manchmal zur Geduldsprobe werden: die Wirkung des Filters hängt ab von der eingestellten Vor- bzw. Hintergrundfarbe, der Helligkeit des zu filternden Bereichs und von den Einstellungskombinationen, die wiederum von der Bildauflösung abhängen. Hinzu kommt erschwerend die schlechte bzw. falsche (siehe Schritt 8 und 9) Vorschau. Beste Ergebnisse erhält man bei eingestellten Standardfarben (Schwarz / Weiß) bzw. umgekehrt.

7. Legen Sie eine neue Ebene an. Laden Sie die Auswahl von *Alpha 1* und füllen Sie diese schwarz.

8. Stellen Sie die Standardfarben – Vordergrundfarbe Schwarz / Hintergrundfarbe Weiß – ein (*D*). Bei aktiver Auswahl wenden Sie nun den *Zeichenfilter ➤ Basrelief* an. Ich habe die links gezeigten Einstellungen bei 2000 Pixel Bildbreite verwendet.

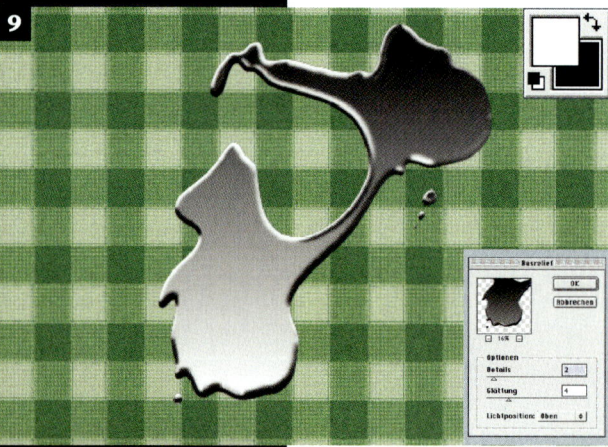

9. Wenden Sie den *Basrelief-Filter* ein zweites Mal mit den abgebildeten Einstellungen an. Vertauschen Sie jedoch zuvor die Farben. Heben Sie dann die Auswahl auf.

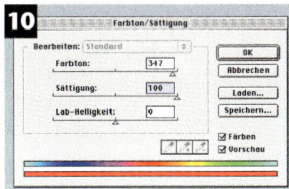

10. Rufe Sie unter *Bild* ➤ *Einstellen* den Dialog *Farbton/Sättigung* auf. Klicken Sie auf *Färben* (*Kolorieren* in Photoshop 5). Wählen Sie einen Farbton und erhöhen Sie die Sättigung. Legen Sie als Modus für die Ebene *Multiplizieren* fest.

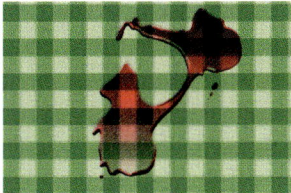

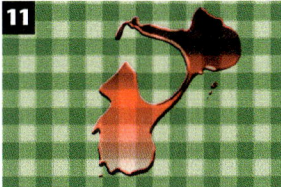

11. Zur Verstärkung der Wirkung können Sie die Ebene mit dem Weinfleck duplizieren und für diese Ebene den Modus *Hartes Licht* bei 50 % *Deckkraft* einstellen.

12. Für einen Schatten legen Sie eine weitere neue Ebene an, laden nochmals die Auswahl von *Alpha 1* und füllen diese schwarz. Blenden Sie die Flecken-Ebenen aus.

13. Heben Sie die Auswahl auf. Wenden Sie den *Gaußschen Weichzeichner* an (hier 10 Pixel). Verschieben Sie dann die Ebene um einige Pixel (hier 10) nach rechts und unten. Laden Sie die Auswahl von *Alpha 1* erneut und löschen Sie. Heben Sie die Auswahl auf und blenden Sie die Flecken-Ebenen wieder ein.

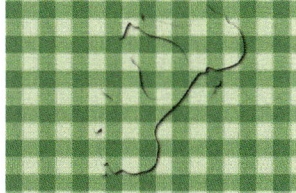

147

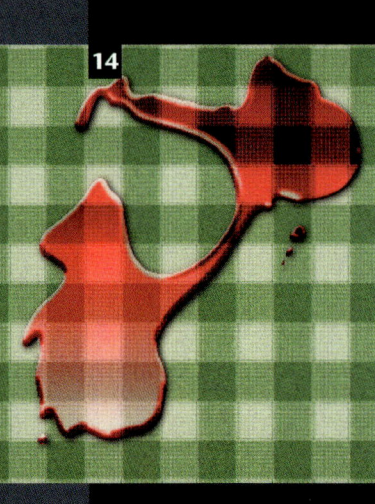

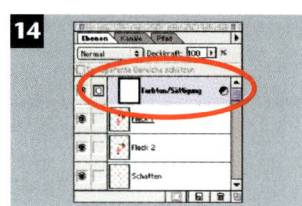

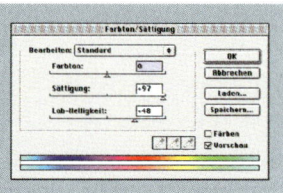

14. Möchten Sie die Farbigkeit bzw. die Helligkeit oder den Kontrast der Flecke weiter verändern, empfiehlt sich das Anlegen von *Einstellungsebenen,* die jeweils mit einer Flecken-Ebene gruppiert werden (⌘G – s. S. 67), damit sie nur dort wirken und nicht das gesamte Bild betreffen.

15. Bei einer einigermaßen realistischen Wirkung entsteht unterhalb des Flecks auf der Tischdecke praktisch ein Lupeneffekt. Diesen kann man mit dem *Versetzen-Filter* erzeugen, für den Sie nun eine Versatzmatrix vorbereiten. Laden Sie die Auswahl von *Alpha 1*, verkleinern Sie sie (*Auswahl* ➤ *Auswahl verändern* ➤ *Verkleinern* – hier um 10 Pixel) und speichern Sie diese Auswahl (wird *Alpha 2*). Duplizieren Sie *Alpha 2* und kehren Sie dabei um – wird *Alpha 3*.

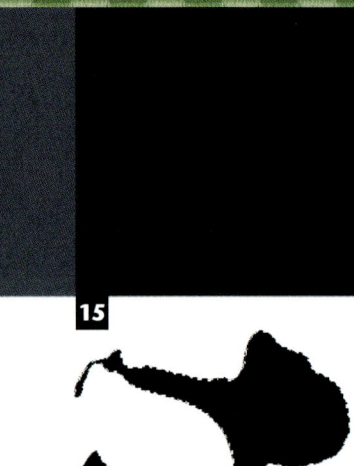

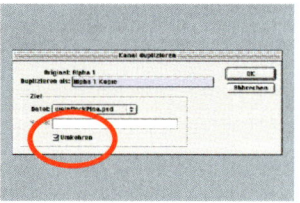

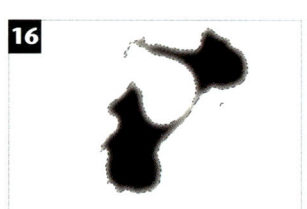

16. Laden Sie in Alpha 3 seine eigene Transparenzmaske. Wenden Sie darauf den *Gaußschen Weichzeichner* an (hier 25 Pixel bei 2000 Pixel Bildbreite).

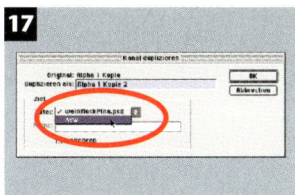

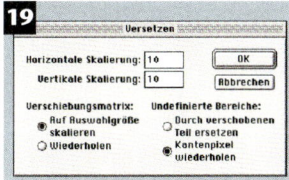

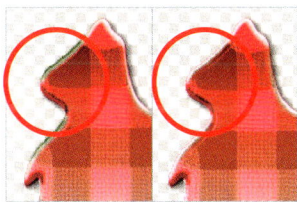

17. Heben Sie die Auswahl auf. Duplizieren Sie den Kanal *Alpha 3* und wählen Sie dabei *Datei: Neu* aus. Speichern Sie die neu entstandene Datei im Photoshop-Format (*.psd) ab.

18. Wechseln Sie zurück in die Ebenen-Palette und aktivieren Sie die Ebene mit der Tischdecke. Laden Sie die Auswahl von *Alpha 2* und Sie erstellen eine *Neue Ebene durch Kopieren* (⌘ J).

19. Auf der neuen Ebene wenden Sie nun den *Verzerrungsfilter ➤ Versetzen* an. Da die Auswahl in Schritt 15 um 10 Pixel verkleinert wurde, gebe ich bei Skalierung ebenfalls 10 ein. Nach dem Bestätigen des Dialoges wählen Sie die in Schritt 17 gespeicherte Datei aus. Blenden Sie die Flecken-Ebenen ein und korrigieren Sie die Position der Versatz-Ebene (⤧).

20. Weitere Variationsmöglichkeiten für das Aussehen der Flecke: Legen Sie über den bestehenden Flecken-Ebenen eine neue Ebene an. Laden Sie die Auswahl von *Alpha 1* und füllen Sie sie mit Rot. Stellen Sie eine reduzierte *Deckkraft* ein (hier 50%) oder experimentieren Sie mit den *Ebenenmodi* für diese Ebene.

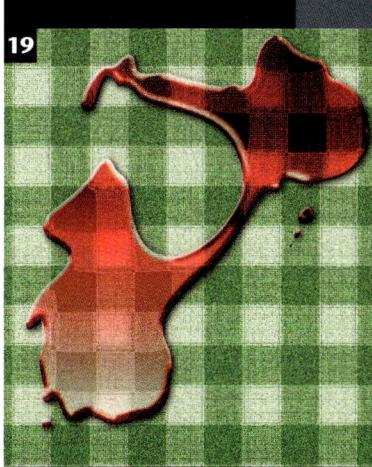

Freistellen, Korrektur, Einstellungsebenen

Kapitel 9

Motive mit diffusen Kanten freistellen (ab Photoshop 5.5)

Ab Version 5.5 hat Photoshop ein leistungsfähiges Freistellungswerkzeug, welches sich hinter dem *Bild*-Befehl *Extrahieren* verbirgt. Photoshop-5-Anwender hingegen müssen weiterhin mit dem Auswahl-Befehl *Farbbereich auswählen* vorlieb nehmen (s. S. 153). Der Befehl *Extrahieren* trennt relativ einfach Vordergrundobjekte vom Hintergrund, auch bei diffusen und ausgefransten Kanten – wenn auch nicht ganz ohne manuelle Nacharbeit. Das Ergebnis des Befehls ist das freigestellte Motiv – der ehemalige Hintergrund wird gelöscht. Deshalb sollte man vor seiner Anwendung einen Schnappschuss aufnehmen.

1. Duplizieren Sie die betreffende Ebene oder machen Sie ggf. einen Schnappschuss. Wählen Sie den Befehl *Bild* ➤ *Extrahieren*.

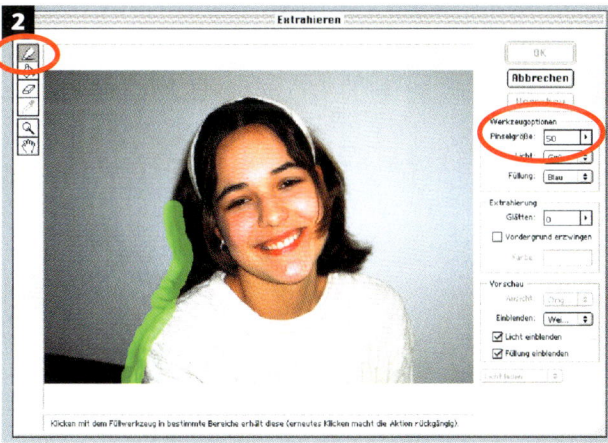

2. Mit dem *Kantenlicht*-Werkzeug (✐) malen Sie so über die freizustellenden Kanten, dass sowohl Vordergrund- als auch Hintergrundbereiche bedeckt sind. Für deutliche, schärfere Kanten verwenden Sie eine kleinere Werkzeugspitze, für diffuse Kanten wie Haare oder Ähnliches wählen Sie eine größere Werkzeugspitze.

✔ Extrahieren ist nur auf einer einzelnen Ebene möglich.

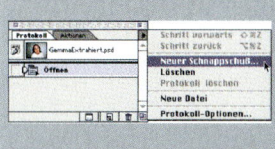

Einen Schnappschuss nimmt man in der *Protokoll*-Palette auf (standardmäßig wird ein Schnappschuss auch sofort beim Öffnen erstellt). Ein Schnappschuss konserviert einen bestimmten Zustand während der Arbeitssitzung (Zeitraum zwischen dem Öffnen und Schließen des Dokuments), sodass man jederzeit wieder auf diesen Zustand zurückgreifen kann. Dies kann auch partiell mit dem *Protokoll-Pinsel* erfolgen, was beim Extrahieren sinnvoll sein kann, um eventuell zu viel entfernte Bereiche wieder zurückzuholen.

✔ Die fertige Lichtkante muss eine geschlossene Form bilden (Bereiche, in denen das Objekt an Bildkanten stößt, müssen nicht übermalt werden).

✔ Je kleiner die Pinselgröße beim Zeichnen der Lichtkante, desto besser das Ergebnis. Photoshop wählt innerhalb dieser Kante den zu trennenden Bereich aus. Der Aufwand beim Malen ist dann zwar größer, die Nachbearbeitung reduziert sich jedoch erheblich.

✔
Sie können die Lichtkante beliebig oft überarbeiten und sich eine *Vorschau* erstellen lassen, bevor Sie endgültig extrahieren: Probieren Sie unterschiedliche Pinselgrößen aus; mit dem Radiergummi entfernen Sie sowohl die Lichtkante als auch die Füllung. Bevor Sie eine neue Vorschau erstellen können, muss der Innenbereich wieder neu gefüllt sein.

✔
Falls Sie eine besonders komplexe Freistellung oder keinen klar definierbaren Innenbereich zu bewältigen haben, wählen Sie statt des Fülleimers die Option *Vordergrund erzwingen* (zuvor muss das gesamte Objekt mit dem Kantenlicht-Werkzeug übermalt worden sein!). Schalten Sie dann die Vorschau-Option *Lichtkante einblenden* aus, wählen Sie die Pipette (✐) und klicken Sie in einen Bereich innerhalb des Objekts, dessen Farbe als Vordergrund gelten soll. Auf diese Weise lassen sich verschiedene Töne einer einzelnen Farbe besser aufnehmen.

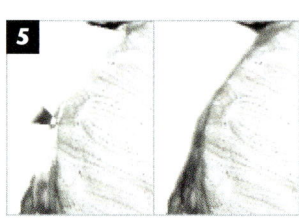

3. Ist die Form geschlossen, wählen Sie den Fülleimer und klicken in den Innenbereich des freizustellenden Objekts. Klicken Sie dann auf Vorschau, um das erste Ergebnis zu sehen.
4. Sind Sie zufrieden, klicken Sie auf *OK* – die Person erscheint freigestellt auf einer transparenten Ebene, der Hintergrund ist gelöscht. Fügen Sie einen neuen Hintergrund ein.
5. Retuschieren Sie nun die Kanten, die noch nicht sauber ausgewählt wurden: Details, die zu viel entfernt wurden, mit dem *Protokoll-Pinsel* (✻); Details, die nicht entfernt wurden, mit dem *Radiergummi* (✐) in Pinselform.

Motive mit diffusen Kanten freistellen (Photoshop 5)

In Photoshop 5 ist das Freistellen von Motiven mit diffusen Kanten etwas zeitaufwendiger. Mit dem Befehl *Farbbereich auswählen* kommen Sie aber auch zum Ziel.

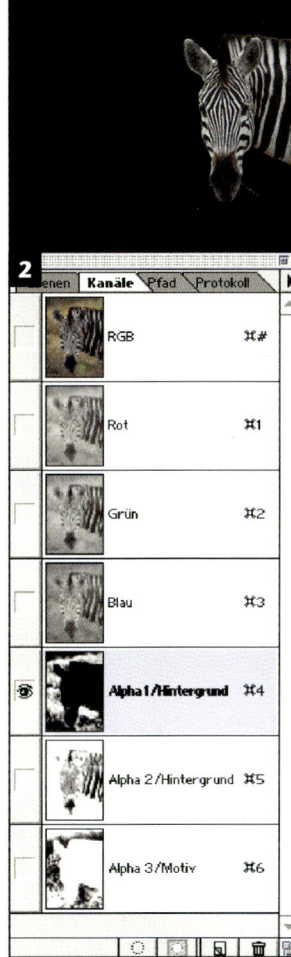

1. Öffnen Sie das freizustellende Bild. Rufen Sie den Befehl *Auswahl* ➤ *Farbbereich auswählen* auf. Die Handhabung ist auf S. 138 in Schritt 2 beschrieben.

2. Der Hintergrund und das freizustellende Motiv werden jeweils separat in mehreren Schritten ausgewählt, da dies bei nur einmaliger Anwendung des Befehls nicht möglich ist. Ich habe hier mit dem Hintergrund begonnen. (Als *Auswahlvorschau* wurde *Maskierungsmodus* eingestellt.) Es ist dabei unvermeidlich, dass auch Bestandteile in die Auswahl einbezogen werden, die eigentlich nicht ausgewählt werden sollen. Richten Sie Ihr Augenmerk bei der ersten Auswahl auf eine deutliche Trennung der Kanten. Speichern Sie die Auswahl als Alpha-Kanal ab (*Alpha 1*). Wählen Sie mit dem gleichen Befehl im nächsten Schritt weitere Hintergrundbereiche aus und speichern Sie die Auswahl (*Alpha 2*). Wählen Sie dann genauso das freizustellende Motiv (*Alpha 3*).

Der Befehl *Farbbereich freistellen* wurde hier 3-mal angewendet: Alpha 1 und 2 erfassen den Hintergrund, Alpha 3 das freizustellende Zebra.

Ganz links die erste Auswahl des Hintergrundes, links die Auswahl des Zebras, jeweils mit resultierendem Alpha-Kanal.

3. Aktivieren Sie *Alpha 1*, der den Hintergrund wiedergibt. Laden Sie die Auswahl von *Alpha 2* (zweiter Kanal mit Hintergrundfarben). Blenden Sie die Auswahl aus (⌘ H) und den Gesamtkanal ein. Malen Sie mit dem Pinsel über Bereiche, die noch maskiert sind, bis der Hintergund vollständig erfasst ist. Heben Sie die Auswahl auf.

4. Aktivieren Sie *Alpha 3* (Alpha-Kanal, in dem das Vordergrund-Motiv erfasst wurde). Laden Sie die Auswahl des optimierten Hintergrunds (*Alpha 1*) und füllen Sie diese schwarz. Heben Sie die Auswahl auf. Malen Sie mit Weiß über die Bereiche des Motivs, die noch schwarz sind, jedoch nicht über die Kanten. Blenden Sie bei Bedarf den Gesamtkanal ein.

5. Aktivieren Sie den Gesamtkanal und laden Sie die Auswahl von *Alpha 3* (die fertige Maske). Wechseln Sie in die Ebenen-Palette und klicken Sie bei aktiver Auswahl auf das Ebenenmaske-Symbol (🔲). Nehmen Sie eine Feinkorrektur in der Ebenenmaske vor. Geeignet sind dafür Pinsel und Airbrush mit sehr kleinen Werkzeugspitzen.

Neuen Hintergrund in ein Bild einkopieren – eine klassische Freistellungsaufgabe

1. Öffnen Sie ein entsprechendes Bild. Zuerst müssen das Motiv, welches erhalten bleiben soll, sowie seine Schattenform vom alten Hintergrund isoliert werden.

2. Dies geschieht zunächst mit Hilfe des Befehls *Auswahl* ➤ *Farbbereich auswählen*. Gehen Sie wie auf Seite 138 in Schritt 2 beschrieben vor, um zuerst den Schatten auszuwählen. Wählen Sie unter *Auswahlvorschau* eine Option, mit der Sie die Auswahl am besten sehen können – ich habe hier *Weißer Hintergrund* eingestellt.

3. Das Ergebnis des Befehls *Farbbereich auswählen* ist eine Auswahl. Wechseln Sie bei aktiver Auswahl in den Maskierungsmodus. Maskieren Sie mit dem Pinsel (100 % *Deckkraft*) alle Bildbereiche, die nicht zum Schatten gehören, bzw. ergänzen Sie eventl. nicht mit erfasste Schattenbereiche.

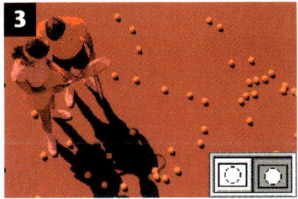

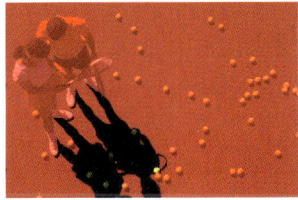

Eine 100%ige *Deckkraft* sowie der Modus *Normal* des Pinsels ist wichtig, um eine vollständige Maskierung zu erzeugen.

Maskierungsmodus

Der Maskierungsmodus
(Werkzeug-Palette) ist ein
Auswahlwerkzeug. Durch
das Arbeiten im Maskie-
rungsmodus erstellen Sie
eine temporäre Maske, die
beim Wechseln in den Standardmodus in eine aktive
Auswahl umgewandelt wird.
Es handelt sich hierbei um
ganz gewöhnliche Auswahl-
bereiche, die durch Ab-
klicken oder ⌘ D aufgeho-
ben werden. Zum Speichern
einer beliebigen Auswahl
verwenden Sie den Befehl
Auswahl ➔ *Auswahl Speichern*
– dadurch wird ein Alpha-Kanal angelegt.

Standardmodus

Maskierungsmodus

Wenn Sie sich im Maskie-
rungsmodus befinden, er-
scheinen alle Bildteile, die
zuvor nicht ausgewählt waren, wie mit einem transpa-
rent-roten Film überzogen.
Dieser rote Film ist die Maskenfarbe, die Sie auftragen
und auch wieder entfernen
können. (Sie verändern damit nicht die Farben in Ihrem
Bild !) In den Farbpaletten
stehen jetzt nur die Farben
Schwarz, Weiß sowie Grau-
töne zur Verfügung. Mit
Schwarz wird voll maskiert,
also 100%ig abgedeckt bzw.
geschützt (dargestellt durch
die rote Maskenfarbe). Mit
50% Grau wird teilweise
maskiert (dargestellt durch
hellrote Maskenfarbe), mit
Weiß wird nichts maskiert
bzw. Maskenfarbe entfernt
(das Bild kommt wieder vollständig zum Vorschein).

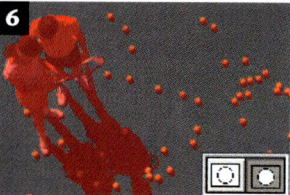

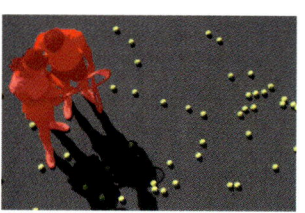

4. Wechseln Sie in den
Standardmodus zurück und
speichern Sie die Auswahl
als Alpha-Kanal (Alpha 1).
Heben Sie die Auswahl
auf.

5. Etwas schwieriger gestaltet sich die Auswahl
des Motives selbst (hier
der Personen). Ich habe
nochmals mit *Farbbereich
auswählen* gearbeitet. Da
das auszuwählende Motiv
vielfarbig ist, ist es zunächst einfacher, mit den
Pipetten den relativ ein-
heitlich gefärbten Hintergrund auszuwählen.

6. Mit der aus Schritt 5
hervorgegangenen Aus-
wahl aktivieren Sie wieder
den *Maskierungsmodus*,
um die Auswahl zu kom-
plettieren. Achten Sie auch
hier wieder auf eine
100%ige *Deckkraft* des
Pinsel.

7. Wechseln Sie in den
Standardmodus zurück und
speichern Sie die Auswahl
als Alpha-Kanal (Alpha 2).

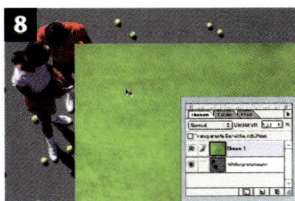

8. Ziehen Sie den neuen Hintergrund ins Bild und positionieren Sie ihn richtig.

9. Laden Sie die Auswahl von Alpha 2. Klicken Sie bei aktiver Auswahl auf das Ebenenmasken-Symbol (⬚) in der Ebenen-Palette. Entsprechend der Auswahl wird eine Maskierung erstellt, die den neuen Hintergrund im Bereich der Personen ausblendet.

10. Aktivieren Sie ggf. Alpha 1 in der Kanäle-Palette und zeichnen Sie leicht weich (*Filter ➤ Weichzeichnungsfilter ➤ Gaußscher Weichzeichner*; 0,5 Pixel).

11. Wechseln Sie in die Ebenen-Palette und richten Sie eine neue Ebene ein. Laden Sie die Auswahl von Alpha 1, füllen Sie mit einer passenden Farbe und heben Sie die Auswahl auf. Stellen Sie als Ebenenmodus *Multiplizieren* und eine reduzierte *Deckkraft* ein. Nehmen Sie ggf. kleinere Korrekturen am Schatten oder in der Maske vor.

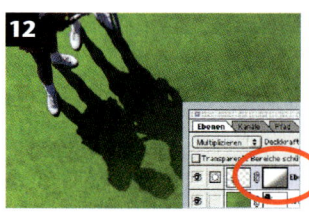

12. Mit einer Verlaufsmaske in der Schatten-
ebene kann der Schatten
weiter modifiziert werden.

13. Haben Sie einen struk-
turierteren Hintergrund
zu verarbeiten, ist die Verwendung des *Versetzen*-Fil-
ters zu empfehlen. Spei-
chern Sie eine Kopie des
Hintergrundbildes im
Photoshop-Format (*.psd)
ab.

14. Aktivieren Sie die
Schattenebene und rufen
Sie den *Verzerrungsfilter* →
Versetzen auf. Mit den Wer-
ten für die Skalierung
müssen Sie ggf. experi-
mentieren, da diese von
der Bildauflösung, der
Struktur und dem ge-
wünschten Effekt abhän-
gen. Nach dem Bestätigen
mit *OK* wählen Sie die Ver-
satzdatei aus.

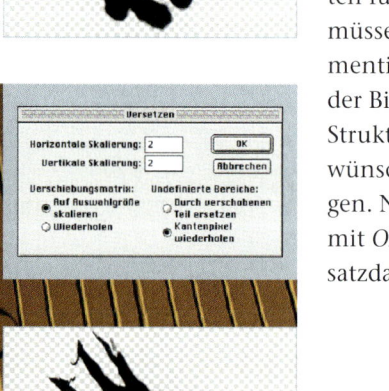

Prüfen und Korrigieren von Hauttönen

Das Prüfen und Korrigieren von Hauttönen gehört zu den Aufgaben, die häufig in der Bildbearbeitung vorkommen. Meist kann mit den Werkzeugen von Photoshop schlechten Vorlagen oder Scans zu mehr Ausstrahlung verholfen werden. Aber: den Hautton schlechthin gibt es nicht! Denken Sie nur an die asiatische, südamerikanische, afrikanische Haut; gesunde und kränkliche Haut, blasse, rosige, gebräunte Haut; Haut im Sonnenlicht, im Schatten usw. usw. Ein wenig Gespür für Farbe und Einfühlungsvermögen in das jeweilige Motiv sind die Voraussetzung für eine erfolgreiche Korrektur. Für Ungeübte steht am Anfang das Studium von Referenzbildern. Diese sollen im CMYK-Modus vorliegen und idealerweise schon einmal gedruckt worden sein*. Wenn Sie auf derartige Vorlagen nicht zurückgreifen können, empfehle ich Ihnen die Verwendung der von Photoshop auf der Programm-CD mitgelieferten Referenzdatei „Testpic.tif" (PC) bzw. „Olé no Moiré" (MAC).

* (Offsetdruck oder Andruckmaschine) Ein bereits gedrucktes Bild hat den Vorteil, dass man die richtige Farbwiedergabe durch Vergleich mit der Vorlage prüfen kann. Ist ein solcher Druck stimmig, kann er resp. die Werte für die CMYK-Flächendeckung als Referenz für ähnliche Bilder verwendet werden.

1. Öffnen Sie ein Referenzbild. Stellen Sie sich den *Aufnahmebereich* der Pipette auf *3 × 3 Pixel Durchschnitt* ein. Öffnen Sie die Info-Palette und stellen Sie eine Anzeige auf *Graustufen* (K) ein. Wählen Sie den Farbaufnehmer ([✏]). Suchen Sie mit Hilfe der Info-Palette drei Hauttöne im Bild und klicken Sie jeweils einen Farbaufnehmer: 1. einen hellen (K = 15 bis 20%), 2. einen mittleren (K = 40 bis 50%) und 3. einen dunklen (K = 75%) Hautton. Lesen Sie dann die Werte in der Info-Palette ab.

Die Info-Palette: Der obere Abschnitt zeigt die Helligkeit (= *Graustufen* = K) und die Farben im *aktuellen Farbmodus* (hier CMYK) der aktuellen Mausposition an. Der untere Bereich (#1 bis #4) zeigt die drei Farbaufnehmer aus dem Bild links.

Die Abbildung zeigt die mögliche Zusammensetzung eines mittleren Hauttones in den Druckfarben Cyan / Magenta / Gelb mit möglichen Abweichungen bei unterschiedlichen Hauttypen in 5%-Schritten

Vergleicht man nun die Werte mehrerer ähnlicher Referenzbilder, ist festzustellen, dass die Prozentwerte niemals genau übereinstimmen. Notiert man sich die abgelesenen Werte in einer Tabelle oder einem Diagramm, finden sich jedoch bestimmte Durchschnittswerte, beispielsweise bei einem mittleren Hautton mitteleuropäischen Typs: für Cyan 15–20%, Magenta 50%, Gelb 50–60% und Schwarz 0%. Ist die Haut dunkler (z.B. in Schattenbereichen), so nehmen die Werte verhältnismäßig zu, z.B. bei einem Hautton mit 75% Helligkeit

Zunahme von Blau (Cyan + Magenta)

Abnahme von Blau (Cyan + Magenta)

40/45/35	40/50/40	40/55/45	40/60/50	40/65/55	40/70/60	40/75/65	40/80/70	40/85/75	40/90/80
35/40/35	35/45/40	35/50/45	35/55/50	35/60/55	35/65/60	35/70/65	35/75/70	35/80/75	35/85/80
30/35/35	30/40/40	30/45/45	30/50/50	30/55/55	30/60/60	30/65/65	30/70/70	30/75/75	30/80/80
25/30/35	25/35/40	25/40/45	25/45/50	25/50/55	25/55/60	25/60/65	25/65/70	25/70/75	25/75/80
20/25/35	20/30/40	20/35/45	20/40/50	20/45/55	20/50/60	20/55/65	20/60/70	20/65/75	20/70/80
15/20/35	15/25/40	15/30/45	15/35/50	15/40/55	15/45/60	15/50/65	15/55/70	15/60/75	15/65/80
10/15/35	10/20/40	10/25/45	10/30/50	10/35/55	10/40/60	10/45/65	10/50/70	10/55/75	10/60/80
5/10/35	5/15/40	5/20/45	5/25/50	5/30/55	5/35/60	5/40/65	5/45/70	5/50/75	5/55/80
0/5/35	0/10/40	0/15/45	0/20/50	0/25/55	0/30/60	0/35/65	0/40/70	0/45/75	0/50/80

kränkliche Haut

schattierte, helle Haut

Sonnenbrand

mittlerer Hautton

blasse, fahle Haut

mitteleuropäischer Typ

gebräunte Haut

gelbliche Haut

rosige Haut

Abnahme von Rot (Magenta + Gelb)

Zunahme von Rot (Magenta + Gelb)

(*K*): Cyan 50–60%, Magenta 70–80%, Gelb 80–90% und Schwarz 20–30%. Ähnlich verhält es sich mit sehr hellen Hauttönen: die Anteile von Magenta und Gelb liegen bei 25 bzw. 30%, der Anteil von Cyan weist jedoch auch in ganz hellen Hauttönen einige Prozentpunkte (2–5%) zur Brechung der warmen Töne auf.

Die Abbildung zeigt Tonwertstufen als Graustufen im Vergleich mit der *Graubalance* und mit den Tonwertstufen zweier mittlerer Hauttöne in den Druckfarben Cyan / Magenta / Gelb / Schwarz

Tonwertstufen (Graustufen)	Graubalance (Tonwertstufen aus den Buntfarben Cyan, Magenta, Gelb; C/M/G)	Tonwertstufen (Graustufen)	Tonwertstufen Hauttöne (Beispiel ausgehend von einem mittleren Hautton aus 20%C, 50%M, 60%G)	Differenz zwischen C und M	Differenz zwischen M und G	Tonwertstufen (Graustufen)	Tonwertstufen Hauttöne (Beispiel ausgehend von einem mittleren Hautton aus 20%C, 55%M, 60%G)	Differenz zwischen C und M	Differenz zwischen M und G
0%	5/3/3	0%	1/6/8/0	5	2	0%	1/7/7/0	6	0
10%	10/6/6	10%	3/15/20/0	12	5	10%	3/15/15/0	12	0
20%	20/13/13	20%	5/20/30/0	15	10	20%	5/25/30/0	20	5
30%	30/23/23	30%	10/30/40/0	20	10	30%	10/35/40/0	25	5
40%	40/31/31	40%	15/40/50/0	25	10	40%	15/45/50/0	30	5
50%	50/40/40	50%	20/50/60/0	30	10	50%	20/55/60/0	35	5
60%	60/51/51	60%	30/60/70/5	30	10	60%	30/65/70/5	35	5
70%	70/62/62	70%	40/70/80/10	30	10	70%	40/75/80/10	35	5
80%	80/73/73	80%	50/75/85/20	25	10	80%	50/80/85/20	30	5
90%	90/84/84	90%	60/85/95/30	25	10	90%	60/90/95/30	30	5
100%	98/93/93	100%	80/90/100/40	10	10	100%	80/95/100/40	15	5

Bild auf Farbstich prüfen

Setzen Sie einen Farbaufnehmer ( ) an einen neutralen Grauwert mit einer Helligkeit von etwa 50% (Info-Palette auf Graustufen- und RGB-Anzeige einstellen). Überprüfen Sie die Tonwerte bei RGB. Neutrale Grauwerte müssen etwa gleiche Helligkeitswerte bei Rot, Grün und Blau aufweisen. Im CMYK-Modus setzen sich neutrale Grautöne aus jeweils gleichen Anteilen der Buntfarben Magenta und Gelb sowie einem etwas höheren Anteil Cyan zusammen (s. a. Übersicht auf S. 161). Der Schwarzanteil kann je nach Separationseinstellungen variieren.

Zu viel Cyan (= zu wenig Rot), Werte vor und nach der Korrektur

Zu viel Magenta (= zu wenig Grün), Werte vor und nach der Korrektur

Neutrale Grauwerte

Für eine erfolgreiche Korrektur der Hauttöne müssen einige Voraussetzungen erfüllt sein. Der Bildschirm muss kalibriert, d. h. die Farbdarstellung richtig eingestellt sein. Falls nötig, muss *vorher* die Tonwertkorrektur durchgeführt werden (*Tonwertkorrektur*-Dialog) und für die Druckausgabe muss der *Weißwert* richtig eingestellt sein. Prüfen Sie außerdem *vorher* die *Graubalance* im Bild (d. h., neutrale Grautöne dürfen keinen Farbstich aufweisen) und korrigieren Sie ggf. mit dem *Gradationskurven*-Dialog. Damit Sie anhand einer repräsentativen Farbe messen, stellen Sie zuvor noch den *Aufnahmebereich* der Pipette auf *3 × 3 Pixel Durchschnitt* ein. Korrigieren Sie im Ausgabemodus: CMYK-Modus für die Printausgabe und RGB-Modus für die Monitorausgabe.

1. Dieses Bild stammt von einer KODAK-Photo-CD. Schon ohne Messung fallen die Farbfehler auf. Derartige Farbfehler treten bei schlecht kalibrierten Scannern auf. Zuerst überprüfe ich das Tonwertdiagramm (Histogramm) (*Bild ➤ Einstellen ➤ Tonwertkorrektur*). Die geschlossene und bis an die Ränder reichende Form zeugt von einer guten Tonwertverteilung.

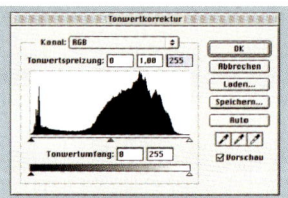

2. Nun wird die Graubalance überprüft. Setzen Sie einen Farbaufnehmer (s. S. 159) an einen neutralen Grauwert von ca. 50%. In der RGB-Anzeige (Info-Palette) sieht man zu viel Grün und Blau, was einem Mangel an Magenta und Gelb (CMYK-Anzeige) entspricht (Zielwerte für ein 50%iges Grau sind 50%C/ 40%M/40% G; s. S. 161).

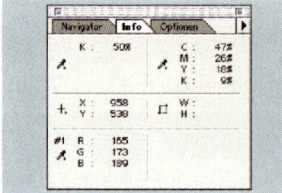

3. Legen Sie eine *Einstellungsebene* mit *Kurven* (Gradationskurven) an oder wählen Sie alternativ *Bild* ➤ *Einstellen* ➤ *Gradationskurven* (⌘M). In den Gradationskurven verändern Sie die Anteile der Farben so lange, bis der Grauton dem Zielwert möglichst nahe kommt. Halten Sie die Info-Palette geöffnet und kontrollieren Sie ständig die Werte sowohl beim Farbaufnehmer als auch durch Bewegen der Maus über andere Grautöne im Bild. Es kommt nicht darauf an, einzelne Grauwerte exakt einzustellen, sondern eine ausgewogene Graubalance (siehe Übersicht auf S. 161) im gesamten Bild zu erreichen. Hier wurde im Gesamtkanal aufgehellt sowie der Kontrast erhöht. Im Cyan-Kanal wurde der Anteil verringert; im Magenta- und Gelb-Kanal die Anteile erhöht.

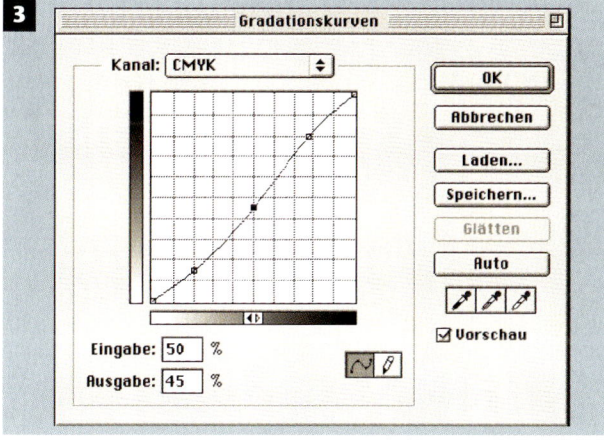

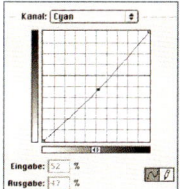 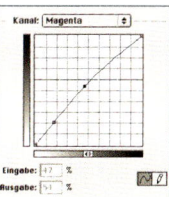 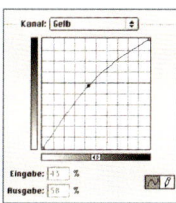

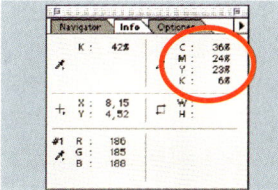 

Beim Korrigieren vergegenwärtigen Sie sich den Farbkreis: Möchten Sie z. B. den Grün-Anteil verringern, müssen Sie den Anteil von Magenta (im Magenta-Kanal) erhöhen; wollen Sie den Rot-Anteil erhöhen, müssen Sie den Cyan-Anteil (im Cyan-Kanal) verringern usw.

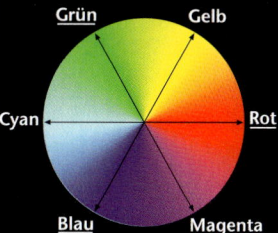

Farbkreis

Die Primärfarben des RGB-Farbmodells liegen den Primärfarben des CMYK-Modells genau gegenüber (Komplementärfarben).

Wenn das Bild für die Printausgabe bestimmt ist, Sie jedoch im RGB-Modus korrigieren, nehmen Sie *vorher* die Separationseinstellungen (*Datei* ➤ *Farbeinstellungen* ➤ *CMYK einrichten...*) vor, da die in der Info-Palette angezeigten CMYK-Werte sich auf diese Einstellungen beziehen.

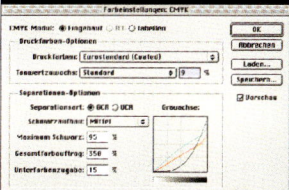

Selektive Farbkorrektur

Selektive Farbkorrektur heißt ein Verfahren, welches die Zusammensetzung der einzelnen Farbkomponenten (Primär- und Sekundärfarben) ändert. Selektiv meint dabei, dass die Erhöhung oder Verringerung des Farbenanteils in einer Primäroder Sekundärfarbe keinen Einfluss auf die Zusammensetzung der anderen Primärund Sekundärfarben hat. Es ist damit z. B. möglich, den Cyananteil in der Rotkomponente zu erhöhen, ohne dass der Cyan-Anteil in der Blaukomponente erhöht wird (z. B. um einen Hautton weniger rötlich erscheinen zu lassen, ohne dass sich der Hintergrund im gleichen Bild verändert). Durch die Korrektur werden die Farben durch Erhöhung oder Verringerung der Druckfarbenanteile verändert. Die Korrektur kann sich auf das gesamte Bild beziehen oder auf einzelne Bildteile, die man vorher z. B. mit einer Maske auswählt oder indem man in der Einstellungsebene eine Maskierung anlegt.

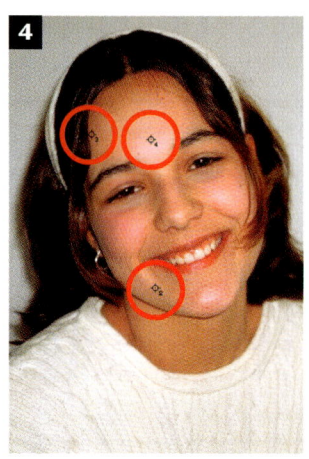

4

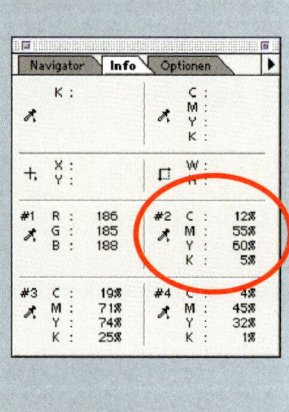

4. Mit dem Einstellen der Graubalance sieht das Bild schon deutlich besser aus. Erst jetzt beginnt die eigentliche Korrektur der Hauttöne. Setzen Sie drei Farbaufnehmer wie auf Seite 159 beschrieben. In diesem Beispiel liegt Farbaufnehmer #2 auf einem 50%igen Tonwert, Farbaufnehmer #3 auf einem 70%igen Tonwert, Farbaufnehmer #4 auf einem 35%igen Tonwert, wobei Letzterer nicht repräsentativ für einen Hautton ist, da sich dort ein Reflexlicht befindet. Betrachten wir zuerst #2, den mittleren Hautton: verglichen mit den Zielwerten (20/50/60) ist der Cyan-Anteil (12%) zu gering und der Magenta-Anteil zu hoch (55%) – beides bewirkt einen zu rötlichen Teint.

5. Richten Sie eine weitere *Einstellungsebene* mit *selektiver Farbkorrektur* ein. Meist muss in den *Rot- und Gelbtönen*, den Hauptbestandteilen der Hautfarbe, korrigiert werden. Hier wurde nur in den *Rottönen* Cyan hinzugefügt und Magenta entfernt. In den *Magentatönen* (betrifft Wangen, Kinn und Stirn) wurde Gelb hinzugefügt.

5

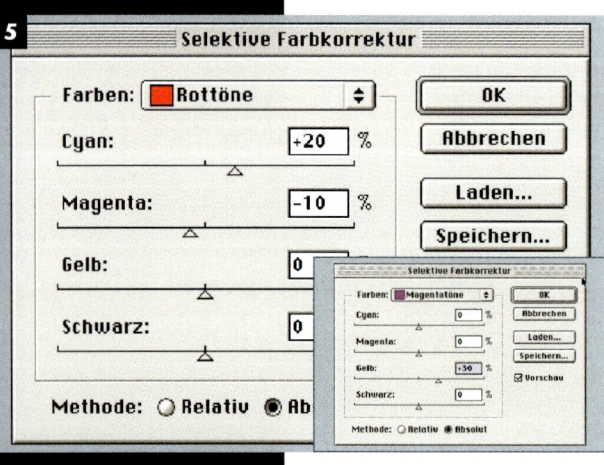

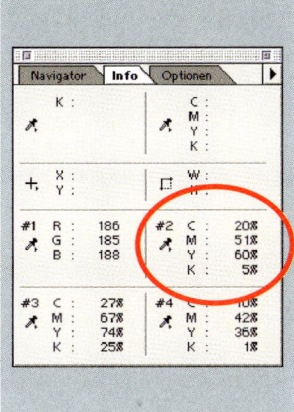

Für die Korrektur auf diesen Seiten verwendete ich folgende Druck- bzw. Separationseinstellungen: Druckfarben: Euroskala coated (gestrichen); GCR, max. Schwarz 95%, Gesamtfarbauftrag 350%, Unterfarbenzugabe 15%.

So sieht das Ergebnis aus: unter #2 (dem mittleren Hautton) wurde der Anteil von Cyan deutlich erhöht. Der Anteil von Magenta wurde um 4% reduziert; da es sich um junge, rosige Haut handelt, wird der im Verhältnis niedrigere Cyan-Anteil unter #3 toleriert. Das Rosa der Reflexlichter wurde durch die Erhöhung des Gelbanteils und Reduzierung des Magentaanteils (#4) abgeschwächt.

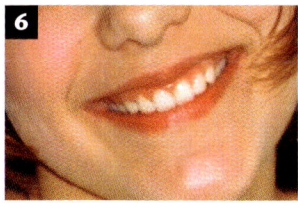

6. Da durch die *selektive Farbkorrektur* auch das Rot der Lippen abgeschwächt wurde, kann man im Nachhinein eine Maske in der Einstellungsebene anlegen. So werden alle maskierten Bildbereiche vor der Wirkung der Einstellungsebene geschützt (s. S.166).

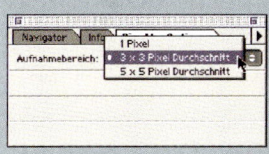

Aufnahmebereich der Pipette einstellen

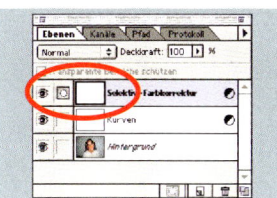

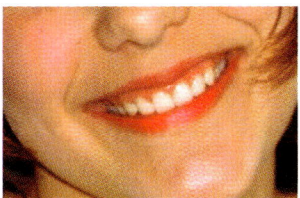

Diese Abbildungen zeigen das Vorher und Nachher im Vergleich

Einstellungsebenen

Die Einstellungsebenen verfügen über fast alle Befehle des *Bild-Einstellen*-Menüs. Alle Veränderungen werden in den Einstellungsebenen gespeichert. Damit lassen sich diese Veränderungen wieder rückgängig machen und auch jederzeit über Doppelklick auf die Einstellungsebene in der Ebenen-Palette weiterbearbeiten. Zusätzlich wirken die Einstellungsebenen wie Masken, d. h., dass einzelne Bildteile separat von anderen und in unterschiedlicher Stärke behandelt werden können. Die in den Einstellungsebenen vorgenommenen Veränderungen werden erst tatsächlich im Bild angewandt, wenn die Einstellungsebene mit anderen Ebenen reduziert oder alle Ebenen auf die Hintergrundebene reduziert werden.

✔

Haben Sie keine aktive Auswahl im Bild, während Sie eine neue Einstellungsebene erstellen, erscheint eine leere (weiß gefüllte) Einstellungsebenen-Maske in der Ebenen-Palette. Eine solche Einstellungsebene wirkt auf das gesamte Bild. Wenn Sie hingegen eine aktive Auswahl im Bild haben, bevor Sie eine neue Einstellungsebene erstellen, erscheint diese Auswahl als Maske, d. h., die Bereiche, die nicht ausgewählt waren, erscheinen schwarz in der Miniaturdarstellung – in diesen Bereichen hat die Einstellungsebene keine Auswirkung auf das Bild. Jede Einstellungsebenen-Maske lässt sich mit Mal- und Bearbeitungswerkzeugen weiterbearbeiten.

Einstellungsebenen

Das Arbeiten mit Einstellungsebenen macht es möglich, mit verschiedenen Farb- und Tonwerteinstellungen zu experimentieren, ohne die Pixel endgültig zu verändern. Zusätzliche Flexibilität bietet die Arbeit mit Maskierungen innerhalb der Einstellungsebenen.

1. Ich habe ein Bild von einer CD-Photosammlung geöffnet. Nicht immer liegen diese Bilder in einer akzeptablen Qualität vor – hier mangelt es z.B. an Helligkeit und Kontrast.

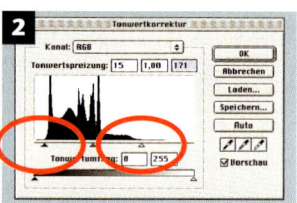

2. Klicken Sie bei gedrückter Befehlstaste (⌘) auf das *Neue-Ebene*-Symbol (▣) in der Ebenen-Palette. Wählen Sie im Dialog *Tonwertkorrektur* aus. Korrigieren Sie dann wie links abgebildet die Tonwertspreizung – das Ergebnis ist ein verbesserter Kontrast und eine ausgewogene Helligkeitsverteilung.

3a. In diesem Beispiel möchte ich zusätzlich die Farbigkeit des Himmels verändern. Dazu wähle ich den Himmel mit dem Zauberstab aus.

4a. Bei aktiver Auswahl und gedrückter Befehlstaste klicken Sie auf das *Neue-Ebene*-Symbol (▣). Wählen Sie *Farbbalance* aus und verändern Sie diese.

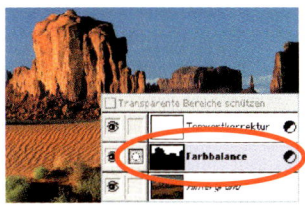

Entsprechend der vorherigen Auswahl wird nur der Himmel verändert – das übrige Bild ist maskiert. Eine entsprechende Maske erscheint in der Ebenen-Palette.

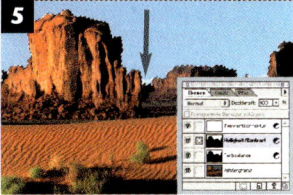

5. Ich möchte nun den Himmel nach unten aufhellen. Dafür legen Sie eine weitere Einstellungsebene (*Helligkeit/Kontrast*) an. Laden Sie die *Transparenzmaske* (s. S. 25) der Einstellungsebene und ziehen Sie bei aktiver Einstellungsebene einen linearen Verlauf von Schwarz nach Weiß (Pfeilrichung) auf (Verlaufsmaske in der Einstellungsebene).

3b. In einem anderen Beispiel montieren wir nach der *Tonwertkorrektur* einen neuen Himmel in das Bild. Im unteren Bereich wird der Himmel mit einer Ebenenmaske ausgeblendet.

4b. Die Farbigkeit des Himmels soll nun mit *Farbbalance* verändert werden, ohne dass der Vordergrund davon betroffen ist. Statt mit einer Maskierung (wie in Schritt 4a) kann die Einstellungsebene auch mit der Himmel-Ebene gruppiert werden (⌘G) – mit dem Ergebnis, dass die *Farbbalance*-Einstellung nur auf den Himmel wirkt.

✔
Zwischen Bild und bildfüllender Darstellung einer Maske hin und her schalten: Klicken bei gedrückter Alt-Taste (⌥) auf das Icon der Einstellungsebene in der Ebenen-Palette.

Einstellungsebene auf einzelne Ebenen beschränken

Einstellungsebenen beeinflussen in ihrer Wirkung – wie normale Ebenen auch – alle *darunter liegenden* Ebenen. Sie sind deshalb besonders geeignet, wenn Sie mehrere Ebenen gleichzeitig korrigieren bzw. mit Farbeffekten bearbeiten wollen. Soll die Wirkung einer Einstellungsebene hingegen auf einzelne Ebenen beschränkt werden, muss die Einstellungsebene mit der oder den betreffenden Ebenen gruppiert werden (*Ebene ▸ Mit darunterliegender Ebene gruppieren*: ⌘G – Gruppierung aufheben: *Ebene ▸ Gruppierung aufheben* ⌘⇧G – s. S. 67). Es können beliebig viele, jedoch nur aufeinander folgende Ebenen mit einer Einstellungsebene gruppiert werden. Beachten Sie bei einer Gruppierung mit mehreren Ebenen, dass die unterste Ebene vollständig mit deckenden Pixeln gefüllt ist – andernfalls wirkt diese Ebene als Basisebene innerhalb einer *Maskierungsgruppe* und maskiert die mit ihr gruppierten Ebenen.

Digitale Lügen
haben sieben Beine

Motiv aus dem Plakat von Seite 173
© Entwurf: Nicolaus Ott und Bernard Stein
Bildbearbeitung: Christine Berkenhoff

Kapitel 10

Bildmontagen

Montage und Collage sind in der herkömmlichen Bildbearbeitung Techniken, um aus mehreren Negativen
bzw. Fotografien oder auch anderem Bildmaterial neue
Kompositionen zu schaffen. Die diesbezüglichen Bearbeitungsmöglichkeiten von Photoshop sind sehr vielfäl-
tig und einfach zu handhaben, sodass praktisch jede
Bildidee verwirklicht werden kann.

Die wichtigsten Arbeitsmittel bei Montagen sind die
Ebenenmasken (Verlaufsmasken und/oder handgemalte
Maskierungen) und die *Mal- und Bearbeitungsmodi der
Ebenen*, kurz *Ebenenmodi* (z.B. *Ineinanderkopieren*). Für
die Auswahl der benötigten Bildteile werden die Befehle
Farbbereich auswählen (*Auswahl*-Menü), *Extrahieren* (*Bild*-
Menü; erst ab Photoshop 5.5) oder auch der *Maskierungsmodus* verwendet. Die erstellten Auswahlbereiche
können mit *weichen Auswahlkanten* versehen werden,
um weichere Übergänge zu erzeugen. Der Befehl *In die
Auswahl einsetzen* legt automatisch eine Ebenenmaske
an. Und nicht zu vergessen das *Stempel-Werkzeug*: es
spielt natürlich eine zentrale Rolle, wenn es darum geht,
fehlende Bildbereiche zu ergänzen. Entscheidend für ge-
lungene Resultate ist es allerdings, die Montageelemente
so auszuwählen oder zu bearbeiten, dass sie auch zueinander passen. Dies betrifft z.B. den Einfallswinkel des
Lichts und die Farbigkeit, aber auch Körnigkeit und
Schärfe. Die Farbigkeit kann mit den Befehlen des *Bild-
Einstellen*-Menüs, insbesondere mit dem *Tonwertkorrek-
tur-*, dem *Gradationskurven-* oder *Farbbalance*-Dialog angepasst werden. Fehlende Körnigkeit wird mit dem
Störungen-hinzufügen-Filter erzeugt; Unschärfe (auch Tie-
fenunschärfe für Hintergründe) mit dem *Gaußschen
Weichzeichner*. Bei unterschiedlichen Lichtwinkeln wird
es schon schwieriger: versuchen Sie eine Korrektur mit
dem Beleuchtungseffekte-Filter oder suchen Sie nach
passenderen Vorlagen, bevor Sie verzweifeln. Hilfreich
sind außerdem Kenntnisse aus dem Naturstudium, visu-
elles Vorstellungsvermögen, Geduld und der Anspruch,
ein perfektes Ergebnis zu erzielen.

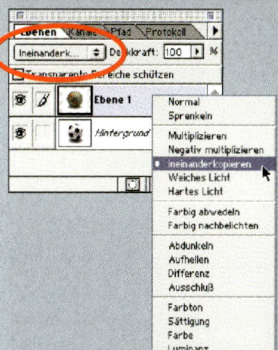

**Mal- und Bearbeitungsmodi
der Ebenen (Ebenenmodi)
(s. S. 71 und 72)**

Normal

Ineinanderkopieren

Abdunkeln und Aufhellen

Nahtlose Überblendungen mit Ebenenmasken

Mit Hilfe von Ebenenmasken lassen sich Bildteile spielend leicht – auch mit weichen Übergängen – aus- und einblenden. Zwei einfache Beispiele sollen die Wirkungsweise demonstrieren.

✔

Es gibt für eine Ebene maximal eine Ebenenmaske. Schwarze Bereiche innerhalb der Ebenenmaske maskieren Teile der Ebene, d. h., diese Bildteile werden ausgeblendet. Weiße Bereiche in der Ebenenmaske sind nicht maskiert, d. h., diese Bildteile der Ebene sind voll sichtbar. Und dementsprechend maskieren graue Bereiche teilweise: im Beispiel oben schaffen sie einen weichen Übergang zwischen maskierten und nicht maskierten Bereichen.

Umschalten zwischen einer Vollbilddarstellung der Ebenenmaske (oben) und der normalen Bilddarstellung: ⌥ und klicken auf die Ebenenmasken-Miniatur.

✔

Klicken *bei aktiver Auswahl* auf das Ebenenmasken-Symbol (▣) erzeugt eine Ebenenmaske, die außerhalb der Auswahl maskiert – Klicken mit ⌥ auf den Ebenenmasken-Schalter (▣) erzeugt eine Ebenenmaske, die innerhalb der Auswahl maskiert.

1

2

1. Fußball und Globus sollen ineinander geblendet werden. Öffnen Sie eine der beiden Dateien und ziehen Sie in diese Datei das zweite Bild. Der Globus deckt hier den Fußball ab.
2. Klicken Sie bei aktiver Globus-Ebene auf das Ebenenmasken-Symbol in der Ebenen-Palette (▣) – eine leere Ebenenmaske entsteht.

3

3. Bei aktiver Ebenenmaske ziehen Sie nun z. B. einen *linearen Verlauf* von Schwarz nach Weiß in diagonaler Richtung auf. Alternativ können Sie mit Maskierungsfarbe (Schwarz) und dem *Airbrush-Werkzeug* über die Bereiche sprühen, die Sie ausblenden wollen. Das Ergebnis sehen Sie sofort im Bild, die Maskierung in der Miniaturdarstellung.

4

4. Der Globus muss nun noch skaliert werden (⌘T). Um die beiden Objekte besser sehen zu können, reduzieren Sie kurzzeitig die *Deckkraft*.

1.–2. In diesem Fall soll der Globus in den Händen platziert werden. Der vorher freigestellte Globus wird in die Hände-Datei gezogen. Legen Sie auf der Globus-Ebene eine Ebenenmaske (⬚) an. Malen Sie dann in der Ebenenmaske mit dem Pinsel und schwarzer Farbe über die Fingerspitzen, die auszublenden sind (**2** Normalansicht, **2a** Maske als Vollbild, **2b** Ansicht mit Rotmaske).

Umschalten zwischen einer Ansicht der Ebenenmaske als Rotmaske (unten) und der normalen Bilddarstellung: ⌥⇧ und klicken auf die Ebenenmasken-Miniatur.

3. Zur Verbesserung der Kugelform ziehen Sie auf einer neuen Ebene innerhalb der runden Auswahl (*Transparenzmaske* der Globus-Ebene) einen *kreisförmigen Verlauf* auf (*Vordergrundfarbe zu Transparent*; s. S. 26–29). Kopieren Sie die Ebenenmaske, um die Finger freizulegen (siehe rechts) und stellen *Multiplizieren* und eine reduzierte *Deckkraft* ein.

4. Durch Anwendung des *Beleuchtungseffekte*-Filters (*Spot* von rechts oben) auf den Globus werden die Lichtverhältnisse angepaßt.

Ebenenmaske in andere Ebene kopieren: Zielebene aktivieren, gewünschte Maske anklicken, Maustaste gedrückt halten und auf das Ebenenmasken-Symbol in der Ebenen-Palette (⬚) ziehen.

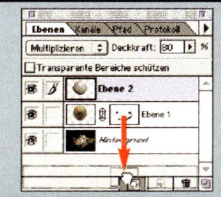

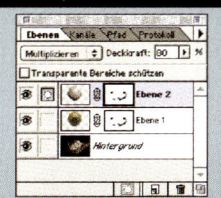

171

Montage unter Verwendung von Teilen aus dem Bild

Auch in dieser Photoshop-Montage wurden Ebenenmasken verwendet, um die alten und neuen Bildteile nahtlos ineinander zu kopieren.

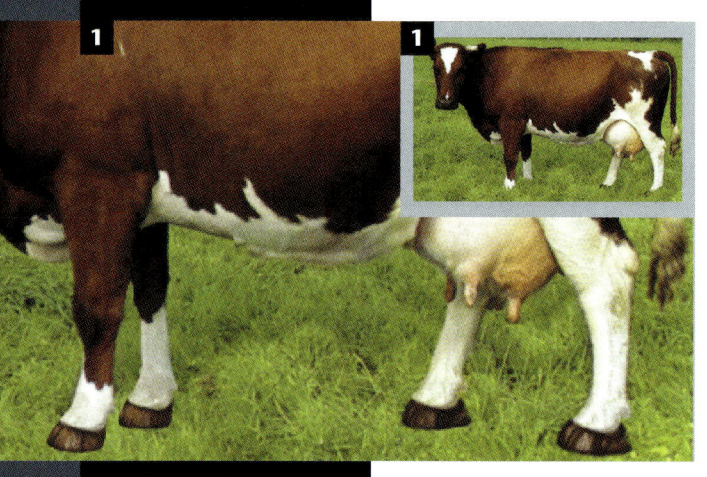

1. Im Originalbild mussten zunächst die Hufe ergänzt werden (*Stempel* und *Pinsel*).

2. Mit dem Auswahl-Befehl *Farbbereich auswählen* und einer Ebenenmaske (s. S. 157) wurde die Wiese ausgeblendet.

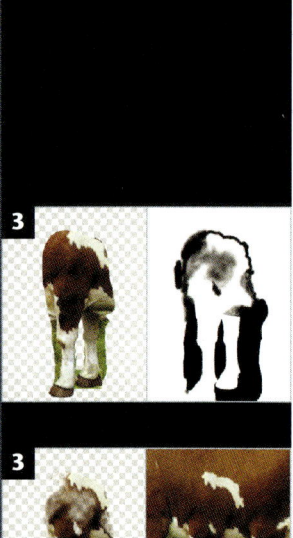

3.–4. Die Beine wurden kopiert, mit dem *Stempel* überarbeitet und ebenfalls mit einer Ebenenmaske (siehe rechts) in die Kuh geblendet. Dann wurde der Fleck auf der Schulter gestempelt. Den letzten Schliff erhielt die Kuh mit dem *Vergröberungsfilter* → *Mosaikeffekt* (siehe rechte Seite).

Zu den neu entstandenen Beinen kam in dem Plakat von *Ott + Stein* der Pixeleffekt (Mosaikeffekt-Filter) – ein überdeutliches Zeichen digitaler Manipulation. Bildbearbeitung von Christine Berkenhoff.

georg friedrich händel

Berliner Dom
27. 6. 1998
20.30 Uhr
6 bis 31 DM

Kammermusiksaal
der Philharmonie
29.6. 1998 20 Uhr
10 bis 35 DM

Oratorium
in
drei Akten

joseph
and his brethren

Stephanie Petit-Laurent Sopran
Maria Philipps Alt
Ralf Popken Altus
Clemens C. Löschmann Tenor
Jörg Gottschick Bariton
Kantorei der Lindenkirche

Berliner Mädchenchor
der
Musikschule Wilmersdorf
an der Lindenkirche
Einstudierung
Sabine Wüsthoff

Leitung
Gerhard Oppelt
Berlin Baroque
mit
historischen
Instrumenten

Vorverkauf
im Berliner Dom für 27.6.
Philharmonie für 29.6
und telefonisch bei
Elisabeth Mozigson
24 36 99 23

Mit Unterstützung
Berliner Sängerbund
Freundeskreis Musik der Lindenkirche
Präsentiert
von Elisabeth Mozigson

© Entwurf: Nicolaus Ott und Bernard Stein
Bildbearbeitung: Christine Berkenhoff

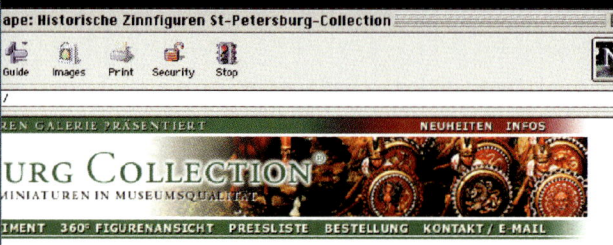

— HAUPTSEITE —

*W*illkommen

Starten Sie jetzt Ihre einzigartige Sammlung historischer Miniaturfiguren in absoluter Museumsqualität.

Die Miniaturen Galerie präsentiert Ihnen eine einmalige Zusammenstellung handgefertigter und handbemalter Figuren in der klassischen Grösse von 54 mm, die in regelmäßigen Zeitabständen durch neue Kreationen erweitert wird.

Die von renommierten russischen Künstlern ent-worfen und aus hochwertigen Zinnlegierungen hergestellten Figuren werden exklusiv von der Miniaturen Galerie in Deutschland, Österreich und der Schweiz vertrieben.

Sie entsprechen höchsten Qualitätsanforderungen und werden in limitierter Auflage, mitunter in weltweiten Editionen von nur 200 Stück hergestellt. Wie bei allen Figuren der St. Petersburg Collection dürfen Sie insbesondere bei diesen limitierten Editionen, die sicherlich schon bald zu Sammlerraritäten werden, mit einer

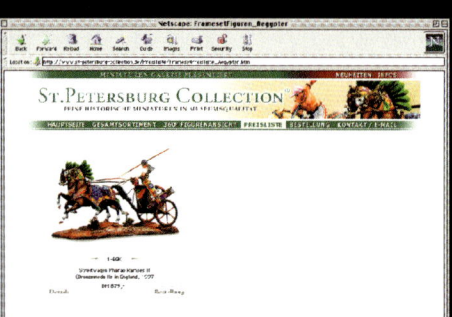

Eine klassische Bildmontage aus einer Reihe verschiedener Vorlagen von Luis Domingo-Vecchioni. Mit handgemalten Ebenenmasken können die Übergänge hervorragend gestaltet werden.

Montage mit Überblendung

Für das Erscheinungsbild einer Ausstellung wurden zwei Bildmotive mit einer *Ebenenmaske* und zusätzlich mit dem Ebenenmodus *Hartes Licht* ineinander kopiert.

1.–2. Die Astronauten-Datei wurde geöffnet und die *Arbeitsfläche* nach oben auf das Plakatformat vergrößert (*Bild* ➤ *Arbeitsfläche*). Der Himmel wurde mit einem Auswahlrechteck mit weicher Auswahlkante mehrfach kopiert (⌐ ⤵). Anschließend wurden die Kanten mit dem Stempel ( ) retuschiert.

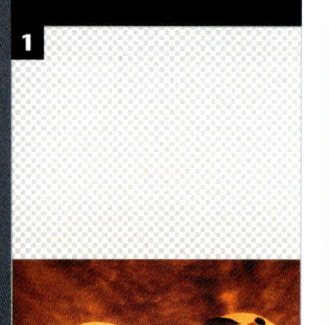

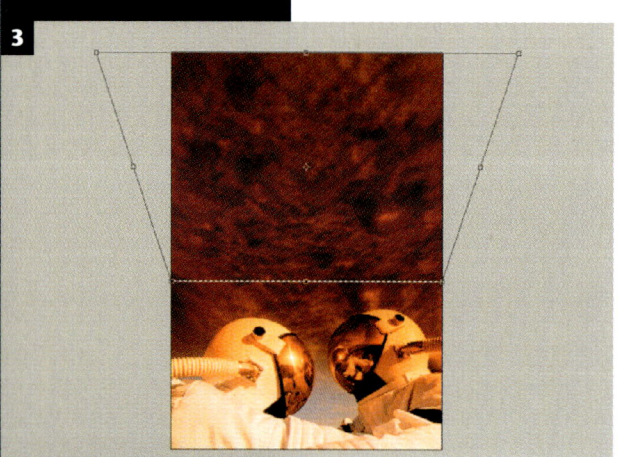

3. Um den Eindruck räumlicher Tiefe zu erzeugen, wurde eine rechteckige Auswahl perspektivisch verzerrt (*Bearbeiten* ➤ *Transformieren* ➤ *Perspektivisch verzerren* oder ⌘T; Kurzbefehle s. S. 95).

Ausstellungsplakat von
Pina und Via Lewandowsky

KOSMOS IM KOPF:
Gehirn und Denken

Ausstellung
Deutsches Hygiene-Museum Dresden
in Zusammenarbeit mit Via Lewandowsky und Durs Grünbein

13. April – 25. Oktober 2000

Deutsches Hygiene-Museum
Lingnerplatz 1
D–01069 Dresden
Tel.: 49(0)351/48 46-670
Fax: 49(0)351/48 46-599
http://www.dhmd.de
e-mail: service@dhmd.de

Öffnungszeiten
Di, Do, Fr: 9 bis 17 Uhr
Mi: 9 bis 20.30 Uhr
Sa, So 10 bis 17 Uhr
Mo: geschlossen
Fr: ab 13 Uhr freier Eintritt

Schirmherrschaft:
Die Bundesministerin
für Bildung und Forschung,
Edelgard Bulmahn

Eine Ausstellung
in Partnerschaft mit:

© Entwurf und Bildbearbeitung: Pina und Via Lewandowsky
Bilder: Imagine/Westlight (Astronauten); PhotoDisc (Gehirn)

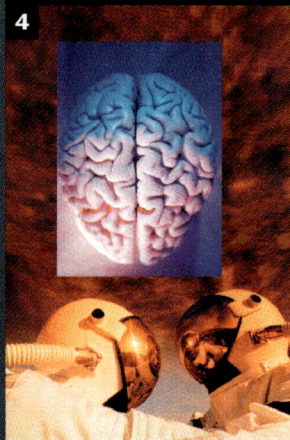

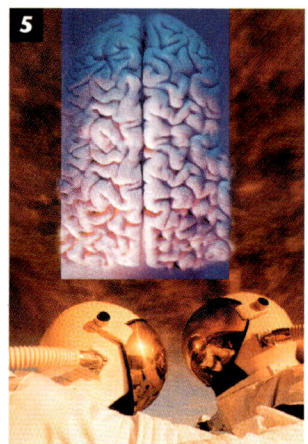

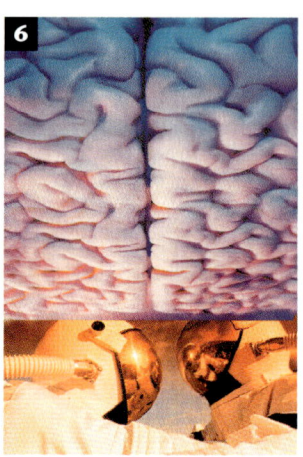

4.–6. Nachdem das Gehirn ins Bild gezogen wurde, erfolgte eine Verlängerung des Motivs (weiche Auswahl kopieren). Dann mussten die linke und die rechte untere Ecke mit dem Stempelwerkzeug ergänzt werden, wobei nicht allzu exakt vorgegangen werden brauchte, da diese später im Überblendungsbereich liegen würden. Nun erfolgte eine ähnliche Verzerrung wie in Schritt 3.

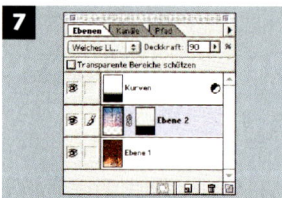

7. Die eigentliche Überblendung wurde auch hier mit einer Ebenenmaske auf der Gehirnebene erzeugt. Zusätzlich brachte in diesem Fall der Ebenenmodus *Weiches Licht* das gewünschte Ergebnis. Eine Einstellungsebene (Gradations-*Kurven*) mit einer Maskierung im unteren Bereich bewirkte die farbliche Anpassung des Gehirns. Die hier abgebildete Montage wurde im EPS-Format gespeichert und die Textteile im Layout-Programm ergänzt.

✔
Für Flyer und andere Druckerzeugnisse wurde jeweils eine Kopie des Bildes auf die richtige Größe skaliert, ggf. beschnitten und wiederum als separate Datei abgespeichert.

ARTIC. VODKA WITH A BITE.

Diese frechen Früchte stammen aus der Kampagne „Wodka mit Biss" des holländischen Studios *Laboratorium* (*Robbert Jansen* und *Krijn van Noordwijk*). Die Früchte fotografierten die Designer selbst, die Tieraufnahmen kamen aus dem Zoo. Beides wurde mit Hilfe von Ebenenmasken so nahtlos montiert.

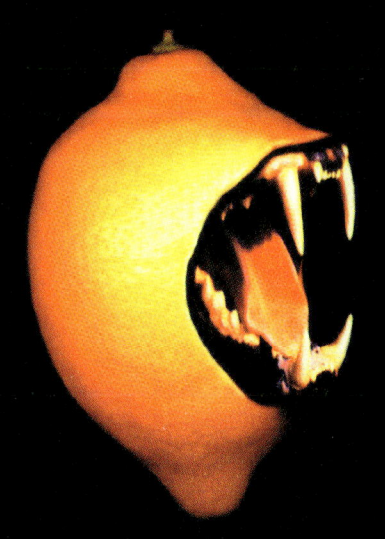

ARTIC. VODKA WITH A BITE.

ARTIC. VODKA WITH A BITE.

Einladungskarte zu einer Gala für das Holland-Festival von *Robbert Jansen* und *Krijn van Noordwijk* aus dem Studio *Laboratorium*. Auch dieses Beispiel zeigt, dass die Wirkung eines Bildes nicht nur von der handwerklichen Perfektion abhängt, sondern in erster Linie von einer Bildidee, die die gewünschte Botschaft oder Aussage in idealer Weise transportiert.

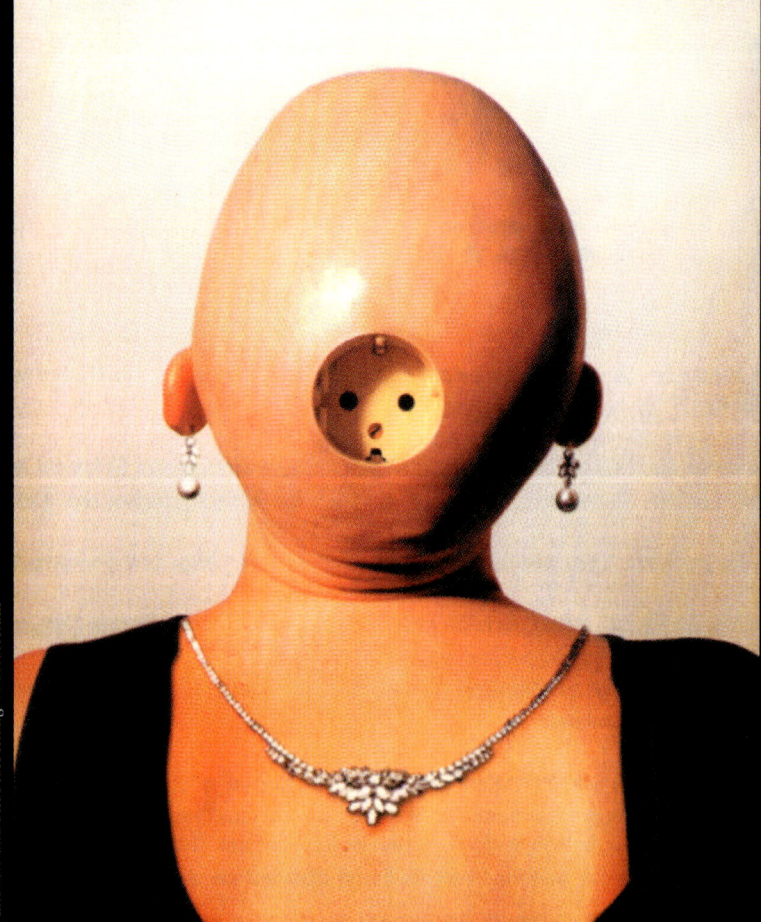

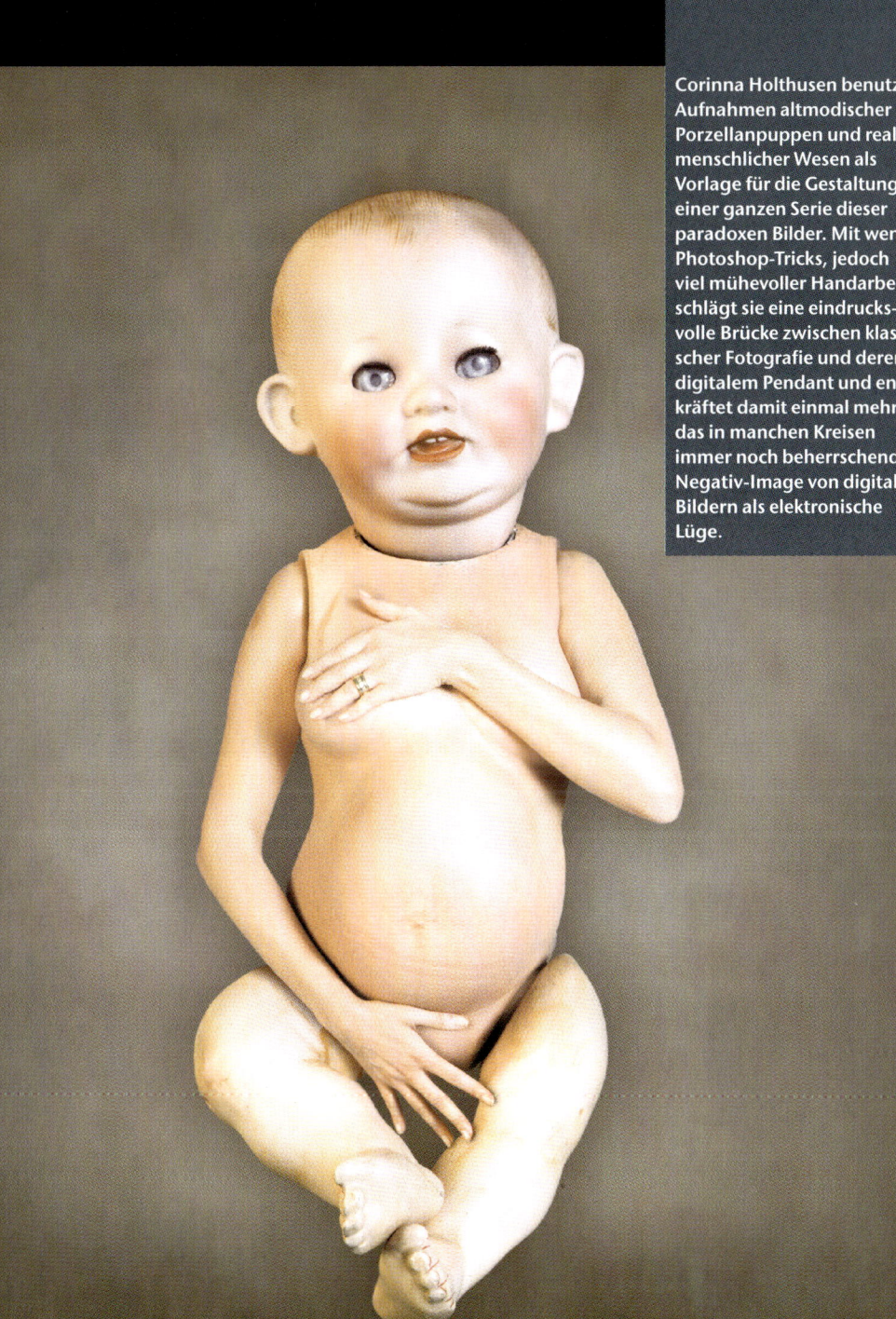

Corinna Holthusen benutzte Aufnahmen altmodischer Porzellanpuppen und realer menschlicher Wesen als Vorlage für die Gestaltung einer ganzen Serie dieser paradoxen Bilder. Mit wenig Photoshop-Tricks, jedoch viel mühevoller Handarbeit schlägt sie eine eindrucksvolle Brücke zwischen klassischer Fotografie und deren digitalem Pendant und entkräftet damit einmal mehr das in manchen Kreisen immer noch beherrschende Negativ-Image von digitalen Bildern als elektronische Lüge.

Lern-CD-ROM für die Ausbildung holzverarbeitender Berufe. Die Entwürfe wurden vollständig in Photoshop angefertigt; die Einzelteile wurden in *Macromedia Director* weiterverarbeitet. Entwurf und Bildbearbeitung: Pina Lewandowsky (Screendesign), Jan Borchert (Maschinensimulation, s. S. 118 ff.) für PHLOX.

1 SCHUTZHAUBENTRÄGER
2 SCHUTZHAUBE,
   MIT ABSAUGANSCHLUSS
3 KURZER QUER- UND
   GEHRUNGSANSCHLAG
4 PARALLELANSCHLAG
5 BESÄUMWIEDERHALTER
6 TISCHEINLAGE,
   AUSWECHSELBAR
7 QUERANSCHLAG
8 DREHZAHLANZEIGE
9 TISCHVERLÄNGERUNG
10 ABSAUGANSCHLUSS
11 STELLTEILE
   (EIN/AUS, NOT-AUS)
12 SCHIEBESTOCK
   MIT HALTERUNG
13 SPALTKEIL

Speichern für Print und Web

Original Modus Graustufen;
Format TIFF

Original Modus Bitmap
(Schwellenwert); Format TIFF

Original Modus RGB

Modus Graustufen, Format
TIFF (koloriert im Layoutprogramm, Bildhintergrund: Weiß)

Modus Bitmap (Schwellen-
wert); Format TIFF (koloriert
im Layoutprogramm, Bild-
hintergrund: Transparent)

Modus RGB; Format JPG
(mittlere Qualitätsstufe)

Original Modus Bitmap (Diffusion Dither); Format TIFF

Modus Indiziertes Farbbild
(ohne Dithering); Format GIF

Modus Bitmap (Diffusion
Dither); Format TIFF (koloriert
im Layoutprogramm, Bild-
hintergrund: Transparent)

Modus Indiziertes Farbbild
(mit Dithering); Format GIF

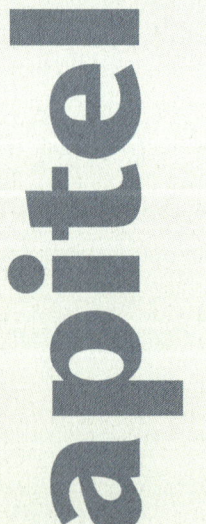

Welches Bildformat ist für den Druck das richtige?

Für das professionelle Print-Publishing kommen zum Speichern von pixelorientierten Bildern nur zwei Speicherformate in Frage: das TIFF und das EPS. TIFF- und EPS Format sind also dazu geeignet, Bilder abzuspeichern, die in ein Layoutprogramm (z. B. QuarkXPress, Pagemaker, InDesign) oder auch in ein Grafikprogramm (z. B. Freehand, Illustrator) integriert werden sollen, um später belichtet und industriell gedruckt zu werden.

Das TIFF-Format

Das TIFF-Format (Tagged Image File Format) ist das verbreitetere Format, da es von sehr vielen Programmen – auch systemweltübergreifend – „gesprochen" und „verstanden" wird. Das TIFF speichert praktisch alle Farbtiefen (1, 4, 8, 24, 32 oder 48 Bit pro Pixel) und ist damit für nahezu alle Bildmodi verfügbar (Bitmap, Graustufen, indiziertes Farbbild, RGB, CMYK und Lab). Beim Speichern im TIFF-Format kann wahlweise *verlustfrei* nach dem LZW-Standard komprimiert werden, was den Festplattenspeicherbedarf reduziert. Beim Speichern muss außerdem entschieden werden, ob das Bild am Mac oder PC (unterschiedliche Byte-Reihenfolge) verwendet werden soll – ein Bild, welches im PC-Format abgespeichert wurde, lässt sich trotzdem am Mac öffnen, nicht jedoch umgekehrt. Die Layoutprogramme können ansonsten beide Versionen verarbeiten. Die Bildvorschau wird durch das Layoutprogramm generiert. Das TIFF-Format bietet im Layoutprogramm einige, wenn auch sehr eingeschränkte Bearbeitungsmöglichkeiten, z. B. in Bezug auf Farbe, Rasterweite (nur für Bitmap- und Graustufen-TIFFs) und Kontrast (nicht für Bitmap-TIFFs) (siehe linke Seite).

Da einige Layoutprogramme bei integrierten TIFF-Bildern automatisch die Bildauflösung beim Drucken/ Belichten verändern, empfiehlt es sich grundsätzlich, in Photoshop die endgültige Bildauflösung festzulegen. So wird z. B. in QuarkXPress heruntergerechnet, wenn das

✔

Für Graustufen- und CMYK-Bilder sollte die Bildauflösung grundsätzlich das Doppelte der Rasterweite betragen, mit der gedruckt wird. Auf diese Weise wird aus 2 × 2 Pixeln beim Belichten elektronisch 1 Rasterpunkt erzeugt. Strichzeichnungen im Bitmap-Modus müssen eine wesentlich höhere Bildauflösung (mind. 600 dpi, besser 900 dpi) haben, damit ihre Pixelstruktur nicht sichtbar wird.

185

✔

Das TIFF-Format speichert eventuell vorhandene Pfade (die ja PostScript-Informationen enthalten) mit ab (mit dem Befehl *Datei* ► *Kopie speichern unter...* wahlweise, indem Sie die Option *Ohne Nichtbilddaten* ausschalten).

Sollen angelegte *Beschneidungspfade* wirksam werden, muss das Dokument in jedem Fall im EPS-Format abgespeichert werden.

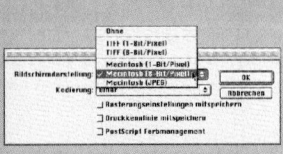

EPS-Optionen bei einem Bild im Graustufen-, Duplex-, oder RGB-Modus

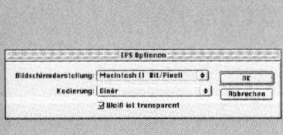

EPS-Optionen bei einem Bild im Bitmap-Modus

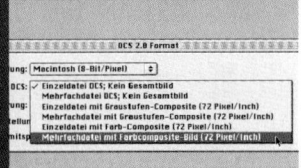

EPS / DCS 2.0-Optionen bei einem Bild im CMYK-Modus

Verhältnis Bildauflösung zu Rasterweite mehr als 2 : 1 beträgt. Eine Ausnahme sind Bilder im Bitmap-Modus (Strichzeichnungen), die eine wesentlich höhere Auflösung benötigen – hier muss mit speziellen XTensions Abhilfe geschaffen werden.

Das EPS-Format

Das EPS-Format speichert Farbtiefen von (1, 4, 8, 24 oder 32 Bit pro Pixel). Mögliche Bildmodi für das EPS sind: Bitmap, Graustufen, Duplex, indiziertes Farbbild, RGB, CMYK. Das EPS-Format ist außerdem das einzige Format, welches Graustufen- und CMYK-Bilder mit Volltonfarbenkanälen (Schmuckfarben) (s. S. 132 ff.), Beschneidungspfade (s. S. 48 ff.) sowie Druckkennlinien und Rasterungseinstellungen speichern kann.

Im Gegensatz zum TIFF enthält das EPS (Encapsulated PostScript) eine Bildvorschau in seiner Datei-Ressource. Dies ist der Grund für seinen größeren Speicherbedarf auf der Festplatte, aber gleichzeitig für einen beschleunigten Ladevorgang und Bildaufbau im Layoutprogramm. Eine farbige Bildvorschau im Layoutprogramm bewirkt am Mac üblicherweise *Macintosh (8-Bit/Pixel)* (Vorschau im PICT-Format) und am PC *TIFF (8-Bit/Pixel)*. Am Mac steht außerdem eine Bildvorschau als JPEG zur Verfügung, die zügig aufgebaut wird und die beste Bildwiedergabe garantiert. Bearbeitungsmöglichkeiten für ein EPS im Layoutprogramm gibt es so gut wie nicht: lediglich für ein Bitmap-EPS kann über die Option *Weiß ist transparent* das Weiß im Bild ausgeblendet werden.

Die EPS-Variante DCS

DCS (Desktop Color Separation) ist eine Variante des EPS-Formats ausschließlich für Bilder im CMYK-Modus (mit und ohne Volltonfarbenkanälen; DCS-1.0- und -2.0-Format) bzw. Graustufen-Bilder mit Volltonfarbenkanälen (DCS-2.0-Format). Das DCS-Format *Mehrfachdatei mit Farbcomposite Bild – 72 Pixel/Inch*) erzeugt vorseparierte Dateien: bei einem CMYK-Bild eine Masterdatei mit der Bildvorschau sowie vier weitere Dateien, die die entsprechenden Farbauszüge enthalten.

Die Masterdatei kann zu Layoutzwecken (auch andernorts) verwendet werden, zur Belichtung hingegen müssen sich alle 5 Dateien wieder in einem Ordner befinden und die Namen dürfen nicht verändert worden sein. Zum Drucken am Laserdrucker greift das Layoutprogramm auf das 72-dpi-Composite zurück, erst beim Belichten werden die hochauflösenden Farbauszüge verwendet.

So sieht ein „5-File-EPS", also ein EPS/DCS von einem CMYK-Bild im Finder (auf dem Arbeitsplatz) aus.

Welches Bildformat ist für das Web das richtige?

Gebräuchliche Dateiformate für das Web sind GIF/GIF98a (Graphic Interchange Format) und JPEG (Joint Photographics Experts Group). Wie die Namen schon zum Ausdruck bringen, wird das GIF/GIF98a häufiger für Grafiken, Illustrationen, Schriftzüge verwendet, das JPEG hingegen eher für fotorealistische Abbildungen. Das PNG ist nicht empfehlenswert, da es Probleme unter verschiedenen Browsern und Plattformen teilweise schon beim Laden oder beispielsweise mit der Alpha-Transparenz gibt.

	GIF	GIF 89a	JPEG	PNG
Mögliche Farben	max. 256	von 2 bis 256	16,7 Mio.	256 oder 16,7 Mio.
Speicherung der Farben	Farbtabelle	Farbtabelle	als RGB-Werte	Farbtabelle oder als RGB-Werte
Komprimierung	ohne Verluste	ohne Verluste	mit Verlusten	ohne Verluste
Transparente Farbe	nein	ja	nein	ja
Bevorzugt für	Grafiken, Schriftzüge (mit wenig Farben; vorwiegend scharfe Konturen)	Grafiken, Schriftzüge Fotorealistische Abbildungen mit Transparenz oder für Animationen	Fotorealistische Abbildungen (ohne harte Kontraste, Linien und Flächen)	alle Arten von Bildern

Das GIF-Format

GIFs ermöglichen, transparente Bildbereiche in die Darstellung zu übernehmen, und sind zum Erstellen von *Animationen* geeignet, dazu ist ihre Dateigröße verhältnismäßig klein. Beim Speichern im GIF-Format wird das

Dither oder Dithering

Dithering simuliert bei der GIF-Konvertierung (RGB = Millionen Farben in 256 oder weniger Farben) die in der Farbtabelle nicht vorkommenden Farben nach Zufallsverteilung oder einem Muster.

RGB-Bild (Millionen Farben)

Diffusion-Dithering (256 Farben) erfolgt nach Zufallsverteilung – ein Effekt von verstreuten Pixeln

Muster(Pattern)-Dithering (256 Farben) erfolgt nach geometrischen Mustern

Ohne Dithering (256 Farben) erzeugt einen posterähnlichen Effekt

Bild indiziert, d. h., alle Farben im Bild werden in die Farben einer Farbtabelle mit maximal 256 Farben (für das Web meist der *Web-Farbtabelle*) konvertiert. Durch das Reduzieren der Anzahl der Farben von Millionen auf 256 oder weniger verändert sich natürlich auch das Aussehen des Bildes. Mit dem *Dithering* hat man eine Möglichkeit, das Aussehen ein wenig zu verbessern. Beim Speichern im GIF-Format erfolgt eine verlustfreie Komprimierung (mit dem LZW-Verfahren), d. h., es werden während des Speichervorgangs keine Daten aus dem Bild entfernt. Die Stärke der Komprimierung hängt von der Anzahl der Farben, ihrer Häufigkeit und Anordnung im Bild ab. Beim Kompressionsverfahren im GIF-Format wird nach Veränderungen entlang horizontaler Linien gesucht – d. h., Grafiken mit horizontalen Linien haben weniger Speicherbedarf als Grafiken mit vertikalen Linien. Sind vertikale Linien eventuell noch mit einem Störungs- oder Weichzeichnungsfilter bearbeitet, nimmt die Dateigröße weiter zu.

Das JPEG-Format

Das JPEG-Format ist sehr gut für Fotos oder fotorealistische Bilder geeignet – hingegen weniger gut für einfarbige Flächen. Beim Speichern im JPEG-Format wird ein „verlustreiches" Kompressionsverfahren angewendet, d. h., dass „überflüssige" (über die Wahrnehmung des menschlichen Auges hinausgehende) Daten tatsächlich aus dem Bild entfernt werden. Der Kompressionsalgorithmus sucht in Flächen von 8×8 Pixeln nach Gebieten mit leichten Farbveränderungen und ist am effektivsten, wenn viele solcher Bereiche in einem Bild vorkommen. Die Stärke der Komprimierung steht in einem direkten Verhältnis zur Qualität des komprimierten Bildes und kann individuell festgelegt werden. Ein stark komprimiertes Bild hat zwar eine geringere Dateigröße, aber auch eine schlechtere Qualität. Im *Speichern*-Dialog kann man anhand der *Vorschau* und der angezeigten Dateigröße sehr gut ein optimales Verhältnis finden (erst ab Photoshop 5.5). Die Bildkomprimierung dient immer dem Verringern der Dateigröße und damit der Erhöhung der Übertragungsgeschwindigkeit. Öffnet man ein Bild im JPEG-Format, wird es – im Gegensatz zum GIF – dekomprimiert. Da dieser Vorgang Zeit beansprucht, kann es vorkommen, dass ein solches Bild länger zur Anzeige im Browser benötigt als ein GIF-Bild gleicher Größe.

Ab Photoshop 5.5 hat man über den Befehl *Datei ➝ Für Web speichern...* mit der Darstellungsoption *4fach* ausgezeichnete Kontrollmöglichkeiten und kann nach dem Aussehen und der Dateigröße entscheiden, welches Speicherformat geeigneter ist

Allgemeine Tipps zum Speichern

Bilder und Grafiken für das Web müssen auf jeden Fall mit *Dateinamenerweiterung* (Extension) abgespeichert werden: *.gif bzw. *.jpg. Am PC geschieht dies automatisch; am MAC muss die entsprechende Voreinstellung vorgenommen werden (*Datei ➝ Dateien speichern... ➝ Dateinamenerweiterung anhängen*). Auch die Schreibweise der integrierten Bilder im HTML-Dokument muss genau mit der Bildbezeichnung übereinstimmen. Sie bezieht sich auch auf Groß- und Kleinschreibung der Dateinamenerweiterung, sonst kann das Bild eventl. nicht auf dem Server gefunden werden (bild.jpg ist nicht das Gleiche wie bild.JPG) – üblich ist die Kleinschreibung (*Datei ➝ Voreinstellungen ➝ Dateien speichern... ➝ Kleinbuchstaben verwenden*). In Photoshop 5 oder niedriger speichern Sie für die Online-Verteilung keine Bildübersichten mit – die Bilddaten werden zwar ohne Icon auf dem Server abgelegt und übertragen, jedoch vergrößern

JPEG-Komprimierung im Vergleich

Original, 13,6 KB / 423 KB

Minimale Komprimierung, 6,7 KB / 92,4 KB

Mittlere Komprimierung, 2,9 KB / 16,7 KB

Maximale Komprimierung, 1,8 KB / 4,8 KB

In der Vergrößerung sieht man sehr gut die 8 × 8-Pixel-Struktur.

189

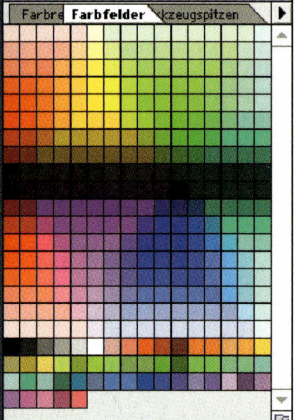

Die Web-Farbtabellen (*Web-Spectrum* – unten – erst ab Photoshop 5.5) lassen sich über das Untermenü der Farbfelder-Palette aus dem *Photoshop-Programm-Ordner ▸ Goodies* laden. Sie enthalten alle 216 websicheren Farben.

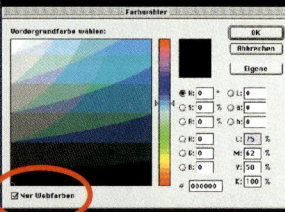

Im Farbwähler ab Photoshop 5.5 hat man die Möglichkeit, websichere Farben auch numerisch auszuwählen

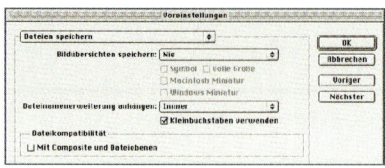

sie die Datei beim Speichern auf Festplatte um einige Kilobyte, sodass eine exakte Beurteilung der Dateigröße nicht möglich ist. Ab Photoshop 5.5 sehen Sie die exakte Größe in jedem Fall im Dialog *Für Web speichern...*

Websichere Farben

Websichere Farben (auch browserunabhängige Farben, Web-safe Colors) sind 216 Farben, die die gängigsten Browser und Betriebssysteme identisch darstellen können. Diese 216 Farben kommen sowohl in der Mac- als auch der Windows-System-Palette vor. Viele Endanwender verwenden noch 8-Bit-Grafikkarten, die lediglich 256 Farben am Monitor darstellen können – wenn Sie nun in Ihren Bildern andere als diese 216 Farben verwenden, werden diese der jeweiligen Palette angepasst, wodurch völlig andere Farben entstehen können. Websichere Farben sind nicht nach ästhetischen Gesichtspunkten ausgewählt worden (leider), sondern nach mathematischen: es gibt 6 Rot-Werte, 6 Grün-Werte und 6 Blau-Werte (nämlich 00, 51, 102, 153, 204 und 255), die unterschiedlich miteinander kombiniert werden ($6 \times 6 \times 6$ macht 216 verschiedene Farben). Diese Farbwerte finden ihr Äquivalent im hexadezimalen Zahlensystem (nämlich 00, 33, 66, 99, CC und FF), welches zur Festlegung von Farben in HTML verwendet wird. Bei der Verwendung von websicheren Farben (der WWW-Farbtabelle) können Sie viele durch die Verschiedenheit der Systeme verursachten Probleme bei der Darstellung farbiger Grafiken im Web vermeiden.

Erhalten von websicheren Farben

Nur in seltenen Fällen sieht ein RGB-Bild nach einer Konvertierung in websichere Farben (Speichern im GIF-Format) noch gut aus, wenn eine Farbtabelle mit anderen Farben auf das Bild angewendet wird als die, mit der es erstellt wurde. Eine Möglichkeit besteht darin, eine

Grafik gleich von vornherein mit websicheren Farben statt erst in RGB-Farben zu erstellen und dann zu konvertieren: Richten Sie ein neues Dokument in *RGB* ein und konvertieren Sie es sofort in den Modus *Indizierte Farben*, wählen Sie dabei die WWW-Farbtabelle aus – beim Arbeiten werden dann alle Farben sofort in websichere Farben konvertiert. Wenn man bei der Erstellung von Grafiken websichere Farben verwendet, ist sicherzustellen, dass sich diese Farben beim Abspeichern nicht verändern. Nur beim Abspeichern im GIF-Format kann man sicher sein, dass die Farben websicher bleiben. Beim Speichern im JPEG-Format ist dies leider nicht so – durch das Kompressionsverfahren können andere Farben entstehen! Aus diesem Grund sollte man nicht Vordergrund-GIFs mit Hintergrund-JPEGs und umgekehrt kombinieren.

Überflüssige websichere Farben entfernen (nur für Photoshop 5 und niedriger)

Häufig kommt es vor, dass man ein Bild mit der Webfarbtabelle (216 Farben) indiziert, obwohl weit weniger Farben im Bild vorkommen. (Ab Photoshop 5.5 tritt dieses Problem nicht auf, da es den sehr komfortablen Befehl *Datei ➤ Für Web speichern...* gibt, s. S. 189, der mit der Option *Auto* automatisch die tatsächlich vorhandene Anzahl Farben erkennt und beim Speichern als GIF verwendet.)

Anwender von Photoshop 5 oder niedriger können in diesen Fällen die Dateigröße weiter reduzieren, indem sie folgende Technik anwenden:
1. Zuerst wird das betreffende Bild in den Modus *Indizierte Farben* mit der *WWW-Farbtabelle* umgewandelt (das Bild ist nun zwar websicher, hat aber eine Farbtabelle mit bis zu 216 Farben, obwohl nur ein Bruchteil davon tatsächlich im Bild enthalten ist).
2. Deshalb wechselt man zunächst zurück in den *RGB*-Modus (die Farben verändern sich hierbei nicht).
3. Nun wandelt man erneut in den Modus *Indizierte Farben* um, jedoch mit der Farbtabelle *Exakt* – diese Option ermittelt aus den 216 Webfarben die tatsächlich im Bild vorkommenden. Erst dann exportieren Sie als GIF 89a.

Bildschirm-Dithering

Eine andere Form des Ditherings ist das Bildschirm-Dithering. Es entsteht, wenn ein 16- oder 24-Bit-Farbbild an einem Computer mit 8-Bit-Grafikkarte (256 Farben) angezeigt wird. Die Farben werden zur Darstellung auf die 256 Systemfarben reduziert, und in der Systemfarbtabelle nicht vorkommende Farben werden durch geometrische Muster (bestehend aus den vorhandenen Farben) simuliert.

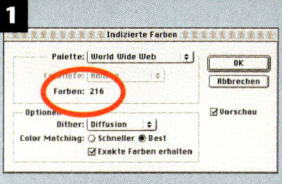